U0031183

凡事徹底

鍵山秀三郎八十自述

鍵山秀三郎 著
龜井民治 原著編輯
陳曉麗 譯

我曾是個不諳世事、家庭富裕的小少爺，直到戰爭爆發，生活一夕變調，
全家僅靠疏散地一塊貧瘠農田勉強餬口。

那時起，我體會腳踏實地的重要，從白手起家創業開始，到經營連鎖企業，
數十年堅持幾近愚頑的掃除執行力，這一切都是從我父母身上學到的！

目錄

61 第二章 **意外走上創業之路**

20歲（1953）——34歲（1967）

第三章　信任為本的經商之道

感動，才記得住

徐重仁　台灣美化協會創會會長

退休這幾年來，我很榮幸應邀到各地分享一點經驗，認識各領域的新朋友。過程中有個有趣的發現，那就是：許多人對我的印象不是全聯福利中心總裁、商業發展研究院董事長，也不是引進無印良品、Starbucks、Mister Donut……，而是「那個帶員工去掃公廁的 7-ELEVEN 總經理」。

二〇〇三年八月九日我於統一超商總經理任內，發起成立「台灣清掃學習會」，與同仁一起學習掃廁所，並擴及門市周邊環境的清潔服務。二〇〇九年二月，台灣清掃學習會正式登記為「社團法人台灣美化協會」，理監事也由以集團主管為主，延伸到各行各業多元化成員。十七年來，總計協助五十多家企業及團體、超過二十一萬人體驗「掃除道」。

我之所以投入推廣「掃除道」，正是受了鍵山秀三郎先生的感召。第一次見到鍵山先生是在二〇〇二年。

當時統一集團引進鍵山先生的黃帽汽車百貨公司，鍵山先生來台指導業務。有天晚上餐敘，我問到除工作外，他主要的興趣是什麼？不意他不假思索，立即簡答一句——掃廁所。

原來鍵山先生親身力行，數十年如一日，已讓特別講究掃廁所的「掃除道」成了日本家喻戶曉的社會運動，有志一同者於一九九三年成立「日本美化協會」，希望藉由掃除磨礪人心、淨化社會，也體悟企管經營之道。日本人尊稱鍵山先生為「掃除道之父」，甚至是「掃除道之神」。他篤信若能把掃廁所這樣看似卑微平凡的小事，徹底做到最好，必能產生非凡的力量。

我感受到他推廣掃除道那份虔敬的使命感，因而專程赴日參加學習，以進一步了解，隔年又邀請他來集團年會演講。大家一聽演講主題是如何掃廁所，不禁面面相覷，但鍵山先生詳述掃廁所ＳＯＰ、絕對認真的態度，悄悄在聽眾心底播下掃除道的種子。

鍵山先生曾到西門町親自示範。看到堂堂大老闆趴地扒水溝污垢，圍觀者無不詫異，還有些尷尬，然而他安靜自在、旁若無人，只是全神貫注於眼前的掃除工作，那場景令人十分感動。

感動，才記得住，也才有影響力。從鍵山先生自傳，我們看到他的事業就是奠基在感動上的。

最初他揹雜貨沿路推銷，雨天淋得濕漉漉，一靠近店家屋簷下就被斥喝驅趕，然而有次卻遇到一位好心人，不但招呼他快進門，還奉上熱茶，讓他深受感動，期許自己也要做這樣溫暖的人，給世界光明希望，而那些冷酷自私的人，就當是來警惕自己的「反面教師」吧！

這份感動安慰了他，也鼓舞了他。雖然沒資金，拿不到大品牌熱貨，只能撿人家不要的庫存，但他不抱怨、不找藉口，只用心找方法活化沉睡的商品，堅持勤勞奮鬥，且優先照顧對方需求，久而久之感動了許多廠商店家，後來還限定由他獨家代理，鍵山先生的事業從此開始翻轉起飛。

我常說，做生意的本質是互利，利他才能利己。做生意方法很多，但原點無非是人情味，以及與客戶之間的誠信。一路走來，我也是秉持這樣的原則，所以才能有幸結交許多良師益友，即使合作角色關係已結束，但彼此情義長存。比如鍵山先生，我們都退休了，不再有業務往來，但仍是好朋友。鍵山先生的人格典範，世所稀有，是我永遠敬重的前輩。

鍵山先生自奉極為儉樸，但卻處處把別人奉為上賓。出差日本時，他到旅館來看我，總在約會時間前提早抵達，恭謹端坐在大廳等候；乘車時也一定要讓我坐後座，還請我到很高級的料亭用餐。

從鍵山先生的一個習慣，也可看出自律甚嚴的他日常如何落實「凡事徹底」。無論出差至哪裡、住什麼等級的飯店，他一律自備盥洗用具，並把飯店提供的毛巾肥皂牙刷等物品集中收好，上頭放一張給打掃者的字條，說明這些都未使用，不必替換。這樣做是為了徹底執行不浪費和避免麻煩別人。

鍵山先生常說，平凡小事若能做到徹底，也可創造非凡的成績。「做到徹底」即企業經營裡所謂的「執行力」，執行力是企業成敗關鍵。多年來已有無數案例證明，徹底實踐掃除道後，企業及員工的執行力都顯著提升了，因為透過彎腰掃除勞動，不只讓人知道謙虛，還能學會細心觀察與感謝體諒。

經營事業這幾十年來，我最大的心得之一就是，儘管世界變化快速，但做事的原理原則仍舊一樣，改變的只是訴求的方法及情境。鏈山先生善良的價值觀和凡事徹底的精神從不過時，反而因任憑急功好利、崇尚浮誇的時代浪潮沖刷也安然不動而更顯光輝。

任何要在新時代肩負起責任的年輕人，都值得來讀鍵山先生的故事，從中體會生命的意義；特別在疫情肆虐、全球經濟重創之際，更是以鍵山先生為榜樣、回頭鍛鍊基本功並反省工作初衷的好時機。

我認為，一個人應真心敬愛工作，樂於工作，透過工作造福他人、增進社會幸福，所以向來我欣賞並選擇合作的多是根基穩固、像樹木年輪一樣長遠積累的「生命型企業」，而非只追求利潤的「經濟型企業」；我相信，人生即修行道場，應珍惜每個機會活在當下，無論境遇順逆都要盡力做最好的奉獻，也感覺那就是對自己最好的犒賞，所以對過去所有工作經歷和目前的退休生活，我內心充滿感恩與喜悅。

這也讓我想起鍵山先生常提的另一句話：「有念則花開」。

鍵山先生長年以捨棄自我的大愛精神推廣掃除道，如今掃除道已在台灣、東南亞、南美等地開花結果，很高興中國大陸近年也開始積極學習掃除道。掃除道的修身養性與傳統中華文化有許多相近之處，只是我們的教育偏重知識理論，缺乏行動實踐。我想，透過掃除道正是親身體認中華文化優點最直接又有效的方法，不妨從企業團體和學校教育雙管齊下。

最後，祝福這本書也能感動更多人走上掃除道。

一人發光，發光一人

梁正中 「掃除道傳習中心」發起人、正好文化發行人

日本採學徒古制的秋山木工學校校長秋山利輝先生，近年以《匠人精神》系列書籍在華人世界掀起一股尊崇專業精神的風潮。對於專業領域，秋山先生當然是榜樣人物；但對一般人吃飯掃地之類的平常日用之道，日本也有榜樣人物嗎？

我以此請教秋山先生。他認真想了想，告訴我有位「東城百合子」是個偉大的媽媽，半世紀來一直教導人們在家庭和廚房料理間實踐「天道生活」，影響深遠；還有位「鍵山秀三郎」開創「掃除道」，以清掃廁所來格物致知、明心見性。

鍵山先生的《掃除道》一書曾先後在台灣及中國大陸發行中文版。許多

掃除道學習者已認識到掃除不只是清潔環境而已，渴望進一步了解鍵山先生如何藉掃除格物致知、乃至「入道發光」，因此，我們為大家爭取了《凡事徹底》這本書的中文出版。這是鍵山先生八十歲時應邀而寫的回憶錄，依年序娓娓道來，樸實坦誠。

從書中可見，幼時父母勤於掃除的身教、高中老師人格為先的言傳、創辦黃帽公司時抱定王道經營的初心，以及用親身力行掃除來感謝員工、提振人心等環環相扣的一生經歷，正暗合了「致良知、孝行、知行合一、正五事」之「物格知至」次第，終而成為發光的「一人」。

提出這「物格知至」次第的是中江藤樹先生（1608~1648）。中江藤樹是日本陽明學開山鼻祖，日本社會奉之為「近江聖人」，雖然在世僅僅四十年，但卻以一人德光穿越時空，至今仍為現代人照路。

「天上無心生泰陽，人間有意嘉新正。人間天上本無異，日用良知是至誠。」參訪中江藤樹紀念館時，讀到他這首詩，我欣然會心——在平常日用中，讓良知「隨處作主、立處皆真」，正是究竟活法。

走進掃除道，讓我有幸親證鍵山先生以「發光之一人」引領了「發光之眾人」，數十年如一日持續掃除，乃至因掃除而發光之萬物，從而窺探掃除道在日本發展的歷程及真諦。

例如：龜井民治社長自一九九三年起師事鍵山先生，投入掃除道著作的編輯發行及宣導活動。曾承蒙他親自帶領在風雨中掃除，最難忘結束時，他懷著感恩心將工具仔細清理養護後，再如恭送殿堂神明般歸位存放。

木南一志社長從二十多年前聆聽鍵山先生一席演講而投入掃除道。他曾一度瀕臨企業倒閉，且又罹患癌症，但在掃除中恪守凡事徹底的精神，領悟「工作是為了在過程中深入內心反觀自省」，最後不僅企業逐步脫困，身體也慢慢恢復健康。他公司「連續四千天安全駕駛零事故」的名牌展示牆，和用舊貨櫃改建的工具收納處，以及接待賓客之用心，處處都能讓人感受到一個「一人發光、眾人發光、萬物皆發光」的能量場。

鍵山先生把日本美化協會的設立歸功於與田中義人先生的相遇，這位田中先生實行掃除道也徹底改變公司面貌，大大提升了經濟效益。他曾為療病參加橋本宙八夫婦帶領的半斷食課程，進行「身體掃除」後，身體完全康復。和田中先生見面時，我深深讚歎他「為生命掃除」後清爽煥發的精氣神。

還有一位山本健治老師，獨自堅持掃除新大阪車站廣場二十八年。近年每次去大阪，清晨隨山本老師去掃除是我「五十三參」之必拜門庭。山本老師的母親曾目睹「一燈園」的掃除志工群，排著整肅的隊伍、戴著擦汗頭巾、拎著工具行腳掃除的情景。一百多年前，一燈園創始者西田天香先生就已看到：違反自然、脫離本心，一味仿效西方、沉迷於物質，人們將痛苦頹廢、環境也將散亂敗壞，這樣的日本乃至世界將沒有未來。如何對治？一燈園為此發願力行清掃，挨家挨戶敲門為人打掃廁所。

二〇一九年一月十七日，我和鍵山先生見面，鍵山先生一方面對我們擔負起在中國重啟（按編：掃除道曾一度進中國傳播，可惜未生根發芽）掃除道的重任表示欣慰、感謝所有踐行者；一方面也誠懇提醒，長年來，他目睹一時興起來「參加活動」者不計其數，但能真正堅持實踐二、三十年的，寥寥無幾。起初幾年會最艱難，很多人不理解還會嘲諷，正如老子所言「不笑，不足以為道」，但經過時間篩檢後，將自然顯示——實踐掃除的長度、廣度、深度，正與掃除者的人格高度成正比。

那日臨別，鍵山先生特別題詞：「如果1%的中國人踐行掃除道，中國這個國家就會變得更好。中國變好，世界就變好。」面對如此重托，龜井社長直指核心「一人發光、眾人發光、萬物皆發光」，並以鍵山先生為例強調：真心做一事，凡事都能成功；真心做一事，凡事都會好玩；真心做一事，必得人相助。

這些年因為想學「究竟活法」，我探索了稻盛和夫、松下幸之助等當代立德立功又立言的「三不朽」人生榜樣，也發現原來「一人定國」到現代仍是不變的法則——提升最高領導者（即那「定國一人」）自己的心性，開發素直之心的無盡寶藏，正是他們成為經營之神的要訣。

「一人定國」出自典籍《大學》：「一家仁，一國興仁；一家讓，一國興讓；一人貪戾，一國作亂。其機如此。此謂一言僨事，一人定國。」中國古聖先賢早就揭示了「生命的大學」在明明德、在親民、在止於至善——立德，才是生命的大根大本。《左傳》也說：「太上有立德，其次有立功，其次有立言」。難怪晚清第一名臣曾國藩感慨「立德最難」，「自周漢以後罕見德傳者」。

稻盛先生創辦兩家世界五百強企業，一生律己甚嚴，六十五歲還在京都圓福寺出家修行近一年，更以七十八歲高齡受邀，成功拯救了日航。他創辦的盛和塾，有來自世界各地的企業家塾生上萬名。

松下先生六十六歲那年辭去社長，在京都真真庵潛心掃除、茶道、冥想等日常，謙稱自己歷二十年才磨出能映照事物真相的「素直之心」初段。他以PHP研究所、松下政經塾等，落實「造物先造人」的思想觀念，用心培養政經界之「一人」。

他們白手起家，創辦世界頂級公司，立功何等巨大，然而到了耳順之年卻均能合天之道，斷然功成身退，篤行「知止定靜安慮得」，誠難能可貴。

到底這「一人」怎麼成就？如何「發光」？

《大學》也老早給我們說白了：「古之欲明明德於天下者，先治其國；欲治其國者，先齊其家；欲齊其家者，先修其身；欲修其身者，先正其心；欲正其心者，先誠其意；欲誠其意者，先致其知；致知在格物。」

致知的原點在格物。怎麼格物？

王陽明先生說：「為善去惡是格物。即物窮理，物格而知至，是為善；

正其不正，格物而致知，是去惡。」凡事格物致知，正是體證意誠、心正而達身修的內聖功夫。

稻盛先生粗簡的出家生活，松下先生孤寂的真真庵歲月，正昭示了掃除、茶道、坐禪等下手處，都是體證格物致知、以至誠意正心的門徑。

我曾向一位當代高僧請益如何甄選接班人？大德簡答：「有志沒志，燒火掃地。」一語長銘我心。原來，格物致知真功夫盡在燒火掃地中。曹洞宗永平寺八百年家風不輟，正是「只管打坐」、「典座教訓」、「一心掃除」等平常日用皆「凡事徹底」的結果。

一千三百年前，鑒真大師自揚州出發六渡扶桑，出生入死，並以「山川異域，風月同天，寄諸佛子，共結來緣。」為托。揚州一直是中日活法文化傳承之重鎮，斗轉星移，我們如今再次選擇揚州設立掃除道傳習中心，兩年多來開辦四百多場活動，更為來自二十七個省市的一千多位師友，舉辦過四十二期四天三夜深度體驗的訓練營。

為不負鍵山先生重托，我們也已在籌擘掃除道師德學校，一個想讓天下事功有成而立志體證「究竟活法」的人可共住、共建、共用，以立德、立功、立言的平臺，也是「發光一人」之「孵化器」；願襄助可望成為鍵山先生這樣的企業家、東城老師那樣的媽媽、秋山先生那樣的校長之能人志士，華麗轉身。

宋代茶陵郁和尚有首詩：

我有明珠一顆，久被塵勞封鎖。今日塵盡光生，照破山河萬朵。

謹藉此與以本書相逢、及志於傳習掃除道的有緣人，同參共勉。

慶幸我所有的苦難

森信三先生（1896-1992，日本哲學家、國民教育家）曾教誨我們：「自己犯過的錯誤和失敗可說就像這文字般刻骨銘心，但惟其如此，它才能成為我們『自我教育』最重要的核心內容。」

我已經八十歲了，經歷了許多這樣刻骨銘心的苦難。

但我確信，正是這些苦難，讓我這樣既沒才能又無學歷的人得以成長。

如果見到苦難便一味逃避，那我應已是膽小又沒有志氣、徒增年歲的老人，成為這社會的負擔。

如今，我很慶幸我所經歷過的事。如果我只會逃避閃躲，那恐怕只剩下「早知如此」的悔恨人生。

剛滿十一歲，不久便遇上了戰時的學童疏散，在艱苦的環境下經歷磨練，活了八十年之久。

有時，生活的冷酷考驗，讓我真希望天神大人能把我帶走；但正是這些艱難困苦，讓我這個一無所長的人獲得了成長。森信三先生曾說：「每種命運或逆境，都是成人路上不可或缺的，是必經之路。」他還說：「逆境的試煉也是天神的恩寵。」

到了人生的最後階段，慶幸自己能夠從心底接受森信三先生的教誨。因ＰＨＰ研究所安藤卓董事和龜井民治先生的提案，這本《凡事徹底——鍵山秀三郎八十自述》才得以出版。

曾經，我將真正的自我深藏於心，希望能夠靜靜走完人生之路，從不喜熱鬧鋪張，因此，像是回憶錄那樣的出版提議，我都回絕了；但是，時至今日，兩位對我的關照是無法用語言或文字來表達，因此，我破例接受兩位的提議。

甚至還破天荒地舉辦出版紀念會，給許多人帶來負擔，在這裡，我要向諸位表達我的謝意與歉意。

二〇一三年十月

鍵山秀三郎

第一章

戰亂下的少年

出生（1933）—19歲（1952）

從富裕之家到初嚐戰亂貧困，
在父母身上學到不抱怨、不找藉口、不給人添麻煩的生活哲學，
從而奠定一生「只管努力，不問回報」的處世原則。

相隔半世紀的禮物

昭和8年（1933）—0歲

八月十八日，出生於東京市麴町區（現東京都千代田區九段四丁目），是鍵山家三男二女之中的么兒。

屬雞，血型A。

父親，幸三郎；母親，佳奈惠；長兄，寬治；長姐，和子；次兄，幸夫；次姐，綾子。

日俄戰爭剛剛結束，當時十二歲的父親被家裡送去台灣的點心鋪打工。因為家境貧寒，祖父母還先向台灣的雇主預支了父親五年的工資。

父親每天一起床就開始工作，他在台灣的生活，全年無休，每天從早工作到晚上。有時候，父親可以拿到一點兒小費，那是他唯一的一點「小確幸」。那六年對父親來說，就是不斷的辛勞工作。

終於順利結束打工的日子。原本說好打工五年，後來為答謝雇主，又多待了一年，所以父親回國時已十八歲了。

父親回國時，賺的錢只夠回到神戶，連回老家岐阜的錢都不夠。父親只好在神戶的點心鋪打工賺錢，那裡的薪資之高讓父親驚訝不已。三個月後，父親終於有盤纏能回老家了。

但是，父親回家當晚便聽到令他震驚不已的對話。他隔牆聽到祖父和伯父的對話。伯父質問道，「田地也要分給幸（家人對父親的愛稱）嗎？」父親很震驚，覺得「這裡已無我容身之處了」。於是，隔日便獨自前往東京，找了一份酒坊的工作。

活在當下

那是昭和三十七年（一九六二）的事。

有一天，家裡收到了陌生人送來的禮品。我對送禮者全無印象，心想一定是弄錯了，便打電話詢問。

「不好意思，可能哪裡弄錯了，把您的東西送到我家來了。我好像不認識您，請問您為何送東西過來呢？」

結果對方問，「府上是否有一位鍵山幸三郎？」幸三郎就是我的父親。這一來二去，我便清楚了。送禮人是父親當年工作的酒坊老闆的孫子，現在是酒坊的當家。

他說，他的祖父生前曾多次提及我父親勤懇工作的事，為紀念祖父逝世四十九週年的五十回忌（編按：日本佛教將逝世滿一年稱為「一周忌」、逝世滿兩年為「三回忌」，而非「二回忌」，以此類推，五十回忌也就是逝世滿四十九年），所以送了禮物。

又說在安排禮品事宜時，偶然在電話簿裡看到我的名字「鍵山秀三郎」，心想「這一定是幸三郎的親人」，便循著地址送禮來了。

據說他祖父去世時，我父親雖只是個學徒，卻穿上帶徽和服參加了葬禮。即便那是快半世紀前的往事了，還是如此鄭重地送禮過來。我在電話這頭低下了頭，向對方致謝。打開包裝後，漂亮的箱子裡有兩個大圓筒。裡面裝著我從未喝過的頂級茶葉。我聯繫了住在岐阜的父親，和家人一起深懷謝意，分享這份喜悅。

德不孤，必有鄰。——《論語》

昭和11年（1936）——3歲

父親離開酒坊後，沒有足夠的資金自己獨立做生意。那時，父親心想「不需要資本的買賣……」，於是做起了蔬果商。

一開始，父親借來板車，邊走邊賣。

因為父親只賣頂級的蔬菜，很受上流階級客人的關照，不久就開了一間店鋪。

父親和母親就是在那時相遇的。兩人都是貧困家庭出身，都只讀到小學四年級，又都來自岐阜縣，並來到東京工作。這樣的緣分讓兩人相遇並結了婚。

我出生時，父親的生意已上軌道，即便父親不在店裡，生意也做得下去。

對於父親，我只能想起他看報紙的樣子。

後來，父親把店讓給他弟弟經營，我們家靠收租過活。那時父親有好幾處房子出租，生活富裕。從我懂事開始，我們家已有相當的資產。

▌昭和12年（1937）—4歲

富士見幼稚園入學

小時候，我驕縱成性，成天黏著母親。

母親不在身邊，我就哪兒也去不了。稍微不見母親蹤影，就哭著滿屋子找，驕縱得很。小姐姐很寵我，母親不在時，都是她陪我玩。

父母親「不給人添麻煩」的身教

昭和13年（1938）——5歲

父親總是沉默寡言，若沒什麼要緊事，他一天也不說一句話。小孩子若吵吵鬧鬧，他會不高興。說到底，父親打心底喜歡穩重、安靜的人。母親卻是開朗性格。她總能記住那些戲劇台詞，在家人面前表演，一家和和氣氣。而且，她還知道許多故事、格言，是個聰明人。

父母親兩人的共通點，就是「不給他人添麻煩」，甚至到了神經質的地步。同時，他們總是以身示範「自己有多苦，就要待人多懇切」。

父母那時的諄諄教誨，至今仍是我生活的準則。

命運藏在性格裡——日本知名小說家芥川龍之介（1892-1927）

有一天，我們全家一起去商場。

我們這些小孩伸手去摸玻璃櫃時，被父親一把拽開。原因是，不該讓手上的污垢弄髒好不容易擦乾淨的玻璃。

父親不會出聲訓斥我們，但他的表情總有股沉默的威嚴。父親就是這樣以身作則，教導我們不能給他人添麻煩。

平日生活裡，鞋子要擺放整齊；不能踩榻榻米邊緣和門檻；不能踩上鋪好的被子；開關隔扇時要握住金屬把手，開關時不能發出聲音等等。總之，是一位管教嚴厲的父親。

但我印象中，父親從未胡亂生氣或訓斥我們。父親生氣，都是因為我們給他人造成麻煩。父親不用出聲斥責，我們就可從他的態度和氛圍中察覺。

昭和15年（1940）—7歲

四月・麴町區立富士見小學（飯田橋）入學

我原本應該上學區內的東鄉小學，是父母花了大錢讓我跨學區入學。可能因為他們學歷不高，希望能儘量讓孩子在良好環境下學習。其他四位哥哥姐姐也都就讀這間學校。

雖然好不容易跨學區入學，但對我這個後段生來說，成績卻毫無起色。所有科目中我只擅長體育，其他都不行。而且，那時我還是個很嬌氣、任性的么兒。連我的作業都是父親或哥哥姐姐替我做好了，再由我拿到學校去繳交。

久壽灶熱賣改善家中經濟

昭和16年（1941）——8歲
小學二年級

那時候正處於戰爭年代，有人拜託我父親處理久壽灶的業務。因為美國禁止對日出口鐵，導致日本鐵製品極端不足，就連家裡的鑄鐵爐也要上繳軍隊，造成烹煮很不便。

那時在愛知縣瓦產地蒲郡，有人運用燒土技術製作出久壽灶這樣優質的商品。但因不懂銷售，便登門委託父親幫忙銷售。父親一眼看出它的價值，當即接受委託。

即便當時我們還是小孩，都不免懷疑沉默寡言的父親能否勝任。但或許就是父親認真的性格贏得了信賴，父親本就是腳踏實地的人，卻意外的很會做生意，轉眼間就將久壽灶打造成一款熱門商品。

昭和十八年（一九四三），剛批來的久壽灶堆滿貨車，一到車站便被搶購一空。久壽灶不需使用軍需物資——鐵，且能將普通灶燒不了的東西當燃料。

再加上，它不會積煙，無發生火災的危險，深受買家歡迎，也就是現在所說的「環保商品」。

《主婦之友》雜誌也為久壽灶免費宣傳，甚至當時的總理大臣還曾推薦它，因為「久壽灶符合國家政策」。當然，總理家也開始使用久壽灶，其他大臣相繼購買。

父親靠販賣久壽灶賺了不少錢，我們家也過上相當富裕的生活。然而，沒過過苦日子、嬌生慣養長大的我卻成了懶惰、沒志氣、讓大人束手無策的淘氣鬼。

剛開始經銷久壽灶時，一有訂單進來，都是父親打頭陣，四處奔走，處理配送及安裝問題。用兩輪拖車載送久壽灶到指定地點，然後在屋頂瓦上開個洞，立個煙筒，完成裝配。

那時父親經常把哥哥和我帶在身旁，我功課雖然不好，卻對做生意產生興趣。我很喜歡一邊幫忙安裝久壽灶，一邊近距離觀察笑逐顏開的客人們。

回家時，我和哥哥就坐在空拖車上。

應該是秋季某一天，一如往常，我坐在空拖車上回家。我面朝後方坐著，眼前出現好大一輪明月，擋住了整條路，也彷彿要把我吞噬了。

這一幕在我年幼的心中留下深刻的印象，至今還清楚記得那天的光景，每回看到月亮，我都會想起父親。

━昭和17年（1942）—9歲

小學三年級

那時正是上課漫不經心、滿腦子只想玩的年紀。

放學回家，把書包丟在玄關，就出去玩耍。那時我的玩耍範圍，從家所在的市谷為中心，一路從四谷擴至飯田橋。英國大使館附近的官舍也有我的朋友，經常一起約出來玩。

當時我最喜歡的遊樂地點是宮城（皇居）外護城河。我們悄悄跨過外圍禁入的欄杆，將其當作我們的秘密玩樂場所。我們玩來玩去不外乎就是爬上樹再跳下來，然後再爬上去，有時舞刀弄槍，樂此不疲。功課不行，唯有四肢發達。

有一天，玩得正起勁，一不留神就闖入軌道內，造成急駛中的中央線電車緊急煞車。

我們嚇壞了，趕緊開溜，然後像沒事似的到別處玩夠了才回家。最後並未因此受罰，至今，那日情景還歷歷在目。

父親一肩攬下半數戰時國債

■昭和18年（1943）—10歲

小學四年級

一九四〇年十月，大政翼贊會成立，國民動員體制色彩逐漸濃厚。町內會和鄰組（編按：日本在二戰期間為統治國民設立的地區性組織，隸屬於大政翼贊會的町內會之下，以鄰里五—十戶為一單位，目的是為了促進居民互助團結、戰時居民動員、防災訓練、物資配給與徵收等）便是其具體措施之一。我們家屬於鄰組，每月參加一次常會。一般是在各家巡迴開設的例會，不知為何每月都在我家開。

常會的議題主要是戰時國債的分配。戰時國債與現在的國債不同，不光沒有利息，連本金也不見得拿得回來。因此，沒人自願購買戰時國債。

即便如此，父親還是必須設法完成町內會分配的戰時國債任務。因此，父親便經常請鄰組的人到家裡做客。

白米飯在當時是最珍貴的食物，除了煮白米飯，還會提供砂糖製作的年糕豆沙湯等招待大家。當時是只有甘素和糖精等人工甜味劑的時代，父親可真是下了重本。

不僅如此，父親還承擔近一半的戰時國債。這樣一來，剩下的國債就順利賣光了。因為父親總是滿額達成鄰組的國債份額，所以經常受到町內會表彰。

父親不管做任何事總是抱著「沒人要做，我就來做」的想法，將那些誰都不願意做的事攬上身。父親就是這樣克己奉公的人。

父親承擔了戰時國債，但所有國債後來都變成廢紙，分毫不值。父親死後，戰時國債和父親借朋友錢的借據，疊起來有兒童枕頭那麼高。

因為有借據為憑，我們才得以知道父親借出的錢都沒能要回來。父親為人奉獻的模樣浮現眼前，我們這些孩子都很驕傲有這樣一位父親。

沒有什麼愛大過捨棄自我

我們家的物質在戰時也很充足，因為台灣那裡定期會有東西寄來，想吃什麼都有。

寄東西來的，是父親當時在台灣打工的點心鋪。點心鋪老闆為了感謝父親在台灣誠心盡力打工而送來的。

那時我們家經常收到用繩子捆住的厚實大木箱。

我記得裡面有砂糖、紅豆、白米和龍眼肉等珍貴的台灣食材。在戰時的日本是相當珍貴的東西。不光家裡自己人吃，父親還大方和鄰居分享。

也因為父親的弟弟曾經營一家小中華麵館，所以便準備大鍋子，招待很多人吃飯，多半是我不認識的人，這難道不也是父親寬大的氣魄嗎？

11歲遇上學童疏散，徹底改變了我

昭和19年（1944）——11歲

小學五年級

九月・山梨縣南都留郡中野村山中（現山中湖村）學童疏散，約半年。

這一年，東京戰局越發緊張，我們這些小學生也被迫疏散到外地。疏散有兩種選擇，一是學童疏散，或是親屬疏散。雖然父親勸我隨他們一起疏散回老家，但我不想和朋友分開，便選了學童疏散。

一直以來，我任性自私、信口開河、毫無毅力氣概可言。學童疏散對這樣的我來說，可謂晴天霹靂。我出生十一年來，從未體驗過這般殘酷的生活。疏散地無法提供充足的食物，我經常餓肚子。有穀飯吃就很好了，一般都吃玉米粉做的食物。隨著戰事的惡化，到後來有口糧可吃就不錯了。結果導致我營養不良，患上夜盲症，視力急劇下降，甚至如果不坐在最前排就無法看清楚黑板上的字。自此以後，我不得不過著沒戴眼鏡等同盲人的不便生活。

而且，那時一週頂多洗一次澡，結果渾身都是蝨子，晚上癢到睡不著覺。我記得被咬的患部都長了小皰，癢到不行。

那時我唯一的生活樂趣就是等家人輪流來看我。我非常期待每月不只一次的探訪。因為每次有家人來訪，都會給大家分發食物。

但當家人走後，便是無止盡的寂寞，我滿腦子都想著跟家人回去。

昭和20年（1945）——12歲

上之鄉村立小學六年級

三月・在父母的故鄉岐阜縣可兒郡御嵩町（舊上之鄉村小原）親屬疏散

從三月九日晚上到十日早上，東京遭遇嚴重空襲。

這次大轟炸造成十多萬人遇難。我們在市谷的房子也被燒個精光，失去所有財產及住處，全家人便被疏散到父母的故鄉岐阜縣深山之中了。岐阜縣有田地山林，我們想等事態平息，便疏散回了故鄉。

我家從此生活全變了樣，開始了自給自足的生活。我們最初疏散到大伯父家，父親的兄長在地方上財力雄厚，住在豪華的農舍裡。

然而，伯父卻是個不近人情的人。儘管他家境富裕，卻還是把我們當累贅。「要是一直待在這裡，會讓我為難。」他們就是這樣想的。

即便如此，對沒有地方落腳的我們來說，除了忍耐別無他法。當時，因為覺著丟臉，所以只能儘量隱忍。父母還得辛勤務農，以求在吃飯問題上不給伯父家添麻煩。

對父母來說，農活是個陌生的工作，但為了養活我們一家七口，他們只能拚命幹活。而且，分給疏散者的耕地，淨是些收成不好的農田。我們一開始連農具都沒有。

父親不光耕作，還打零工，但薪水就跟小孩的零用錢一樣少得可憐。母親也幫鄰家務農，每天辛苦工作，報酬卻僅有一升米而已（一・四公斤）。

父母或許心中也有埋怨之時，但我們五個孩子卻從沒聽過父母抱怨，或找藉口。儘管生活環境嚴峻，父母卻沒有一點倉皇失措。沒有一句怨言和藉口，認命且任勞任怨的父母形象，至今仍深深銘刻在我記憶深處。

走過艱難困苦的人，就像經歷過風霜的柿子一樣色豔味甜。

——日本陶藝大師河井寬次郎（1890-1966）

戰時疏散回父親的老家

右方稍遠的倉庫是作者一家人寄宿之處

一天，我和往常一樣，放學後和朋友玩得昏天暗地後才回家。正值火熱太陽當空的仲夏之日，我去找在田裡務農的母親。

那時映入我眼簾的，是眼看就要倒下、卻還拚命幹活的母親孱弱的身影。母親雙手舉著給建築工人使用的笨重十字鎬，在農地上揮汗工作。我還記得，母親拚命用力將深埋地裡的樹根挖起來的樣子。

「我若不去幫忙，母親會累死！」這想法瞬間讓我全身顫慄，像被雷劈的恐懼感向我襲來。此後，我事事以幫助父母農作為優先，因為我想讓父母輕鬆些，哪怕一點兒也好。

在此之前，我都只會製造麻煩和負擔，從未替父母想過，凡事只想到自己，冥頑不靈。然而，眼前這一幕卻給我一種不容分說的壓迫感。並非誇大其詞，那時真的發生了如「保羅歸信（基督）」的異象（編按：在此喻指心態、心靈的大轉變，典故來自《新約聖經》中記載，一名迫害基督徒者保羅從耶路撒冷到大馬士革抓捕基督徒的路上，突受強光刺激暫時失明，倒下後聽見耶穌的聲音，治癒後受洗成為基督徒，並成為宣教使徒），致使我從根本上一改過往墮落的生活態度。

和父母一同耕作的農地，後經開墾、灌溉後變平整了。

父母教會我掃除

昭和21年（1946）——13歲

上之鄉村立中學一年級

回到疏散地不到數月，我們在伯父家便待不下去了。於是在附近找了一處如牛棚般簡陋的廢棄小屋，由父親親手改造，成了我們一家人的棲身之所。小屋的屋頂有破洞，可以看見天空。下雪時，家中會飄落星星雪花。即便簡陋至此，父母還是不厭其煩地每天要打掃四、五回。

因為他們每天都拿抹布擦拭玄關格子門好幾次，原本四四方方的格欞逐漸成了圓形。父母親在掃除上就是做得這般徹底。

「為什麼要打掃得這麼乾淨呢？」當時還是孩子的我心裡滿是問號。成年後的我很注重打掃，想必是因為我確實承襲了父母性格的緣故吧。

父母親有很多生活方式成了我日後的習慣，也是推動我前進的巨大動力，讓我得以持續掃除至今。我從創立公司開始，能毫不猶豫地打掃公司和周邊的環境，都是多虧了我的父母。

打掃就是讓乾淨的地方始終保持清潔

昭和23年（1948）——15歲

中學三年級

由於家裡人手不足，農作成了我和兄姐們的日常勞動項目。每天下課後都趕緊回家，幫忙耕作。

耕作極其辛苦，鄰居們也很擔心，提醒我們：「小心背部會佝僂喲！」但正是多虧了那時的體驗，我才能夠養成強韌的忍耐力。

即便努力沒有回報，也絕不放棄，絕不氣餒，我所養成的就是這樣的精神。同時，我也不會抱著「做了這個，就一定會收穫這個」的想法，這也是農活教會我的。

正因有過辛苦農活的體驗，讓我得以在年輕時就成為一個出色的農業專家。晚年，拜訪一位熟識的農家時，也能針對農業的話題侃侃而談。這樣的體驗與知識，是我人生中無可取代的巨大財富。

即便不知今秋小雨或暴風，但今天的工作就是要除草。

——日本江戶時代的農政家、思想家二宮尊德，又稱二宮金次郎（1787-1856）。

關於父親出人意表的商業頭腦，下文就是最好的例子。

距離疏散地四、五公里遠的地方，有一座方圓十公里左右開採褐煤的煤礦場。全國各地有許多人來這個礦場找工作，當時大家都靠每天的配糧過日。配給制度下，每家每戶只能分到固定的糧食，但根本不夠吃。明知違法，還是得透過非法買賣弄到更多食物，否則就沒法活下去。當時的日本人就是在食物短缺的困境中熬過來的。

因此，父親就從熟識的農家那裡買進米和蔬菜，再轉賣給那些人。這樣一來，很快就獲得他們的信任，他們都很開心。尤其是那些連正規配給都拿不到的人，特別感謝我父親。

父親這樣做，是超越買賣的一種真心救助的行為。他還免費提供商品給經濟拮据的家庭。父親一直致力於提供更便利的服務，因此有了許多穩定客源。

要選擇能讓他人信賴的行事風格

雖然父親沉默寡言，不善言辭，但正是他非典型商人的性格人品，大受客戶歡迎，短短時間內，生意便做得有聲有色、遊刃有餘。

昭和24年（1949）——16歲

岐阜縣立東濃高中一年級

沉默寡言的父親所表現的溫柔一面，便是下面這段插曲。

白天大部分時間都得耕作，晚上就是我讀書的時間。父親會把田裡的花生帶殼炒給我吃，他會先把落花生炒過後，一粒一粒剝乾淨，然後默默放在我桌上後轉身離開。他絕不會說「快吃」或「我把它放在這兒就走」之類的話。

雖然僅是像這樣的小事，我卻無法忘懷父親的溫柔。

刻有岐阜縣立東濃高中校歌的石碑

作詞　花村獎　　作曲　芥川也寸志

內容　薰風吹拂赤陵的森林
　　　培育出大量棟樑
　　　遠望群山雲霞掩映
　　　惠那伊吹山巒競秀
　　　充滿友愛的東濃高中
　　　自然人類的典範之鏡

佐光老師的教誨，影響我一生

昭和25年（1950）—17歲

高中二年級

升上高中，我還是維持以家中事務及耕作為主、學業為輔的生活方式。簡單來說，「農忙兼上學」更為貼切些。

正因為上學時間對我來說非常珍貴，我在學校當然比其他同學更能集中精神。多虧如此，雖然我上學時間少，成績反而變好了。

高中時代我最感興趣的是國文，當時的國文老師是佐光義民先生。老師教過的話，至今仍盤旋腦海。

「淚定量，汗無限」

「不要有怨恨之心」

「過去的樣子也好，現在的樣子也好，都不是你最後的樣子，只不過是過

與東濃高中時代的同學合照

程罷了」

「以此淨化身心，以此澄淨國家」等等。

佐光先生總是教導我們：「人不僅僅只有知識和學校的學業，人格更重要。」

這些話成了我心靈的食糧，因此我才能戰勝重重困難，頑強地生活下去，至今對我仍是非常重要的座右銘。

然而，晚年我去參加同學會，發現幾乎沒有同學記得這些話，讓我非常震驚。因而我瞭解到，深深影響我內心的那些話語，未必同樣作用於其他同學身上。

此外，佐光先生還反覆教導我們端正姿勢、挺直腰桿的重要性。如今我已八十歲了，還有人誇我體態好，這都得益於佐光老師的指導。

感動了才能記住

至今我仍忘不了提水澆地的事。

有的農田地處高勢，幾天曬下來，田地裡便乾乾如也。若一直沒有水，田地就會變白，稻葉會枯黃、乾癟地捲曲著。

一旦如此，就無可挽救，我無法視而不見，便跑到田地下方很遠的河邊，用糞桶裝滿水，再爬過陡峭的山坡，千辛萬苦挑回來的一擔水，僅夠將一榻榻米大小的地方澆濕，卻難以讓稻子起死回生。即便知道無法改變結果，我仍日復一日堅持做下去，期待能出現生機。

然而，有時任憑我澆了多少水也無濟於事，稻子還是枯萎了。

每年情況不同，即便費盡心力栽種，作物到了收成前夕遭災全滅、努力全付諸東流也是常有的事。

儘管如此，父母親依然不懈地努力工作。至今，我仍忘不了他們努力的樣子。

對於不保證成果的工作，也要專心致志地去做。

當年耕種的田地，現在仍高低不平。

昭和26年（1951）——18歲

高中三年級

戰後，解除了建築禁令，父親決定蓋一間新的瓦房，當時的農家基本都只是草房，因此我們的新家在村裡格外顯眼。

木材是父親從自家山上砍來的，因此我們很幸運有充足的木材可用。那時我們家已寬裕到可出借給附近農家相當於當季收成的款項了。

但不管生活多麼富裕，父母從不奢侈過日子，當然，他們也不會驕傲自滿。在我看來，他們反而因此更加謹慎生活，謹防鋪張奢靡。

那時他們時常借錢給有困難的人，從不催促還款，借出去的錢常不了了之。不久，我們家堆滿了借條，但我從未聽父母抱怨「被他騙了」或者「他竟是這種人」等。

／不抱怨，不找藉口。

昭和27年（1952）——19歲

三月・從岐阜縣立東濃高中畢業

高中畢業後，沒有家業要繼承的我，到一所中學擔任臨時教員，那裡離家有火車三站那麼遠。我沒有教員資格，卻當了理科和體育老師。

當時，日本教師工會活動盛行，犧牲的都是學生的權益。當然，他們也極力勸我入會。原本負責傳道授業的老師，教學工作外的時間都浪費在活動上，可說是嚴重的本末倒置。

不忍見我悶悶不樂，父親私下勸我辭職。父親本就最嫌惡那些結黨脅迫他人之輩。父親說：「在那樣冷漠、散漫的職場環境中，人心都變得狹隘了」。我也嫌惡那些老師們的無理蠻暴，不久便辭職了。

希望找到新的自我，所以才工作。

——日本陶藝大師河井寬次郎（1890-1966）

第二章

意外走上創業之路

20歲（1953）—34歲（1967）

離家上京找工作，專挑別人不做、難達成的任務，
用汗水及淚水，累積許多珍貴的經驗與人脈。
白手起家創立黃帽公司，期望打造一個「公私分明的理想公司」。

進入底特律商會

昭和28年（1953）——20歲

十二月・就職所需，我揣著只夠買一張單程火車票的錢，獨自去了東京。

此次上京漫無目的，最要緊的是先找到住宿和工作的地方。那時找工作得透過報紙廣告，而且全是些配送報紙或牛奶的工作。

後來，我找到在淺草一間西餐店的工作。那裡包住，每天的工作就是擦洗髒鍋具。老闆很欣賞我的工作態度，但這份欣賞卻被前輩員工拿來刁難我。再加上對菜鳥員工不友善、墨守成規的職場環境，我無法忍受，不久便辭職了。

之後，偶然在報紙上看到一家買賣汽車用品的底特律商會的招聘廣告。我原本就對汽車感興趣，而且我認為汽車產業頗具前景，便前去面試。結果，我的運氣不錯，被錄用開始上班。這家公司也是包住，是我求之不得的工作。

當年的汽車基本上都是進口車，尤其以美國車為主流，一家公司若擁有高級進口車，地位象徵不言可喻。在那樣的時代，底特律商會本部在新橋，公司社長每天坐著別克敞篷車上班。

公司雖小，卻十分耀眼、拉風，我有幸能進入這間公司。

然而，與外表的華麗相比，公司內部卻十分可怕。家族經營的企業，對同為他們家族的人管理寬鬆，對待員工卻像奴隸一樣。星期天、節日或假日也不放假，要求員工從早上六點開始工作到晚上十二點或凌晨一點，更是家常便飯。即便如此，喜歡車的我印象中對這份工作並沒有什麼不滿。我比誰都早起，去店裡掃除。

把被分配的工作變成自己想做的工作

剛進公司時，我的工作是開卡車去美軍軍營，把得標的東西載回來。作業內容首先是申報得標物的關稅。手續完成後，進行「指定地外檢查」的現場檢查，然後確定稅額，並繳納稅金，再領取許可證，整個程序相當繁瑣。

為了準備這些我並不熟悉的手續資料，每回前一晚都要熬夜到天明，所有責任都得由我這個二十一歲的年輕人一肩扛起。

得標物包含韓戰期間壞掉的吉普車、卡車和哈雷摩托車那樣的大物件，小物件則包含輪胎、太陽眼鏡等。總之，都是用「一堆多少錢」這種方式購買，裡面包含許多雜七雜八的東西。

正因如此，要處理的物品不僅量多，也有相當的重量。裝貨時間有嚴格限制，如果時間到了還沒有裝完，也必須把車開出去。因此，每次都被迫拚盡全力裝貨。

我請了幾位和我父母年齡相仿的人當幫手，一邊指揮一邊裝貨，日夜不停。不像現在有方便的堆高車和起重機，那時還是靠人海戰術的時代。誇張點說，那是個玩命的差事。

努力都不白費

昭和30年（1955）——22歲

我至今仍忘不了那個下雨天運桶時發生的事。

當時我正要將裝滿藥品的金屬桶搬上卡車，一個不留神，腳底一滑，連人帶桶從卡車上摔了下來。

那天下著傾盆大雨，幸好我摔下時不偏不倚騎坐桶上，千鈞一髮之際，保住一條小命。

另一次，我渾身澆滿汽油，皮膚像被火燒到，全身通紅，好幾天不能洗澡。這樣危險的事在當時如家常便飯般平常。

我曾一心為提高公司的銷售量，向社長提議拓展國內的營銷範圍。然而，社長沒有同意。即便如此，我依然極力建言，最後社長同意我去跑業務，但需自付差旅費。

結果，原本限於都內近郊的銷售範圍，擴展到了名古屋、大阪、九州、仙台、札幌。當然，銷售額也隨之成長，收益水漲船高。不久，社長便同意，「費用由公司出」。

但我鄭重地回絕了，「不用，我是為了要達到自己的工作目標，所以請讓我繼續做我想做的事」。然後，更加盡心盡力地擴展業務範圍。為了讓公司變得更好，我非常努力工作。

懶惰者滿口抱怨，努力者陳述夢想。

忙到和妻子在「娘家」約會

▌昭和34年（1959）——26歲

二月一日・結婚。妻，啓子（二十歲）

我和妻子的緣分源於社長親人的介紹。社長和我岳母是堂兄妹的關係。當時我毫不知情，有人去跟妻子說，「我們公司有個經理不錯，要不要去見見？」

私下溝通順利，便安排我們見面。我們倆是在前一年秋天認識的，那時我全心投入工作，心無旁騖。見面後，我們約會了幾次，便結婚了。

約會的地方是妻子的老家。我本來就沒有幾天休假，妻子配合我的時間，為我準備了她親手做的飯菜。

長子出生時，與上東京來探望的母親合照。

昭和35年（1960）——27歲

四月七日：長子幸一郎誕生

第一個孩子出生，令我感動不已，打從心底高興。同時，也讓我感覺到作為父親該有的責任感，我決定「一定要好好養育這個孩子，讓他將來生活無虞」。

當時我在公司擔任專務董事，社長很信賴我，派給我一輛專用車，還破格給我五萬五千日元的薪水，那個年代剛出社會的大學畢業生薪水也才一萬日元左右。

工作條件雖然嚴苛，但我並無絲毫不滿，一心只希望公司能有更好的發展。

我年紀輕輕便當上專務董事，主要是因為我大大提高了公司的營業實績，當時我出差一趟帶回來的訂單，可為公司帶進百萬日元的銷售毛利。

因社長公私不分而離職，創立黃帽公司

昭和36年（1961）──28歲

六月・從底特律商會辭職

我從公司辭職並非因為對工作或待遇不滿，完全是因為我無法容忍社長和他的家人公私不分。

我再三懇請社長「不要公私不分」，社長卻不予理睬。

那時社長基本上都是上午十點左右進公司，但就算進公司也是想睡就睡，想吃就吃。另一方面，卻不給員工休假。

員工每天處在一個工作永遠做不完的處境中，社長及高層認為「員工的休息是公司的損失」，所以視員工從早到晚工作為理所當然。他們把員工當成「賺錢的工具」。

在金錢上，社長的公私不分也令人無法接受。

社長經常擅自從收銀台拿錢，社長夫人和孩子也是如此，這讓我無法忍受。

面對社長嚴重的公私不分，我抱著強烈的憤怒和疑問，直接向社長表達不滿。

「社長，公司和個人財務您能否區分開來，不然會影響公司士氣！」

我再三勸說，社長卻總當成耳旁風。

「我給你足夠多的薪水，還有配車，你還有什麼不滿要頂撞我？」

我們意見相左，社長也不接受我的請求。

當時的中小企業雖有公司組織，但多數社長都認為「公司是社長的私有物」，所以某種程度來說，再三勸說的我可能反而才是不講理的那方。

即便如此，我仍認為「作為社長，拿著相當的酬勞；作為一家之主，拿著相應的租金；作為股東，拿著應有的份額，這都是您應有的權利。但是，私自從收銀台拿錢，用途不明，這是法人經營者不能為之事。」

我實在無法忍受，便遞了辭呈。當時我對辭職後一點打算都沒有，因為若非社長公私不分至此，我原本打算一輩子待在這家公司。至少，我本身對公司沒有一丁點不滿。

也就是說，到那時為止，我都沒有任何想要獨立出去闖的心思。

勿以善小而不為，勿以惡小而為之。——《三國志》

我辭職後，社長還打電話到妻子娘家問「是不是有人對他說了什麼」。妻子娘家的人不知道我辭職，一時也不知該如何回答。

此外，社長的母親也打電話給我：「希望你不要辭職，能否放棄這個念頭？」她還勸說：「我們在六本木有土地，可以把那塊地給你，辭職的事就別再提了吧？」

但我一旦做了決定，便不會為這種事反悔。所以在向她鄭重表達感謝之意後，便請她容許我辭職。

十月十日，在東京都千代田區麴町，創立 ROYAL 公司（後更名為黃帽），主營汽車用品和附屬品買賣。

決定獨立創業後，我想要在這世上創辦一個「理想的公司」。我抱著「即便是我創辦的公司，我個人和公司也該分開經營」這樣的經營理念，創立了 ROYAL 公司。

公司取名為 ROYAL，是想讓公司聽起來高雅有格調；亦即，就算公司規模再小，也抱著「貫徹王道經營公司」的強烈信念來命名（編按：ROYAL 有皇冠之意，呼應這裡提到的貫徹王道經營公司的信念。日文「王道」同時也有「正道」之意）。

我的目標是打造一個「理想的公司」，但員工只有我一個，所以一開始便把商品盡可能堆放在自行車貨架上，做起了行商。

但我想要的商品一樣都批不到，因為我前東家向製造商施壓，不許他們批貨給我。

走投無路沒辦法，只能請求他們把堆積在倉庫裡積滿灰塵的商品，也就是等同廢棄的滯銷貨批給我去販賣。除此之外，別無他法。

我並沒有找前東家的客戶推展業務，而是每天都在想方設法開拓新客源。那段時間的經驗，培養了我動腦筋想辦法、努力和忍耐的精神。

我學會的珍貴教訓就是「熱門商品不限於銷售中的商品」；也就是說，人們放棄的、忽視的商品中，也有好東西。我的想法轉變了，我開始覺得「不能忽視小東西」以及「用非凡的努力去做平凡的小事」。這都是活用當時的經驗領悟到的。

喚醒沉睡的商品，讓垂死的商品復甦。

雪夜的熱糰子和中井女士的恩情

昭和37年（1962）——29歲

二月份發生了一件小插曲。

當時我是一人行商，用自行車載貨販售。那天雨雪交加，十分寒冷。我穿著雨衣，直往加油站的店裡瞧，每個可以直接接觸客戶跑業務的機會，對我來說都十分珍貴。

突然有隻手從店門內伸了出來，抓住我的衣袖，把我拽進店裡。店裡暖爐燒得火紅，整間屋子暖呼呼的。

一位中年男子拍拍我的肩說：「很冷吧，到暖爐旁邊暖和一下」。他的聲音很誠懇，還拿起放在桌上的糰子說：「來，這串糰子給你吃」。

面對這份我完全沒敢奢想的厚待，胸口一緊，喉嚨一哽。想說「謝謝」，卻講不出來，只能多次欠身致謝，讓淚水肆意流下。

這世間就算沒有鬼，也有像鬼般可怕的人。那時我感覺自己遇見了活菩薩，當下便下定決心——我也要努力成為這樣的人。

我誓言，即便再辛苦，環境再嚴峻，我也千萬不能成為那種冷酷、惡毒像鬼一樣的人。

那位厚待我的人，是已過世的國民歌手藤山一郎。他的夫人開了一間小小的加油站，那天他碰巧來到店裡。

看到如此寒傖的我，便溫暖相待。這份情義我至今無法忘懷，已成為我珍貴的回憶。

心若溫暖則萬能

三月・成立（株）ROYAL公司，就任董事長。資本額二百萬日元。

當時我一直沒有進貨的管道，唯一提供我商品、支援我的人，是京都的中井喜代子女士，商品則是中井女士的丈夫開發的方向盤套。實際上，業界最初根本不看好這款商品。中井女士送樣品給其他公司代銷時，得到的回音是：「這種東西賣得出去嗎？」沒有一間公司肯收。

那時只有我一人毛遂自薦，這商品實在令人不敢恭維，體積又大，但我卻求之不得，騎著自行車載上它到處販售。

晚上，我會到計程車公司和娛樂街，向停在那裡的車主兜售。那時孩子還小，我和妻子便帶著孩子一起出門賣東西。

努力終於有收穫，方向盤套一下子成了月銷上萬件的熱銷商品，結果當初瞧不起它的店家也開始想向中井女士進貨。

然而，中井女士卻一概拒絕，不管對方是誰，她都回覆說：「我們只賣給鍵山先生」。中井女士幫我開闢了一條行商之路。

當初誰也不願代理經銷的方向盤套，只有我一個人願意做行商，我想中井女士是從這點感受到我的恩義。

君子喻於義，小人喻於利。——《論語》

除了工作外，中井女士也像對自己的孩子般關照我。我到關西出差時，常住在中井女士家，她可憐我剛剛獨立創業，常常伸手相助。

中井女士的口頭禪是：「到大阪來，不要花錢住賓館，把住宿費省下來吃好一點。特別要吃蔬菜，做生意的人一定要吃早飯。身體要好，才有做生意的本錢。」

中井女士擔心我的身體，甚至做自家特製的滋養劑給我。把大蒜加上蛋黃煮熟，揉成大豆大小，然後曬上個把月，裝在瓶子裡，特別拿來給我。

那時我每個月會到中井女士家住兩三回，即便到達時天色已晚，總會長聊到深夜。她的次子興治也經常與我們一起。

中井女士一家待我如親人般，我和興治更親如兄弟。我所仰慕的「大阪的母親」中井女士，於二〇〇九年與世長辭，享年九十八歲。

恩情石上刻，恨怨入水流。

創業之初，在物質和精神方面都給予作者極大支持的恩人中井喜代子女士（右）。

用「掃除」提振員工低迷士氣

昭和38年（1963）──30歲

那時正好趕上日本經濟高度發展時期，到處都缺人手，雖然進行招聘，但願意來這個剛成立的新公司應聘者寥寥無幾。公司好不容易有了五─六名員工，仍處於人手不足的狀態，前來應聘的人，多是那些頻頻換工作的人。不過公司的情況不允許我們挑人，幾乎都是面試即錄用。然而，這些換工作如家常便飯的員工們，雖被錄用但心態是消極的。再加上我們是家小企業，想跟對方做生意，也未必會有回應。

因此，員工士氣更加低迷。跑業務回來的員工為排解在外受到的悶氣，就在公司裡亂發脾氣。有人一回公司就把文件包往桌上一扔，或直接用腳踹椅子。

每每看到如此光景，都讓我在心中暗暗發誓，一定要想辦法治癒、平穩他們的心，並且讓公司成為一家就算只有性格穩重的員工也能確實提升銷售額和利潤的企業。

冷漠的心，是萬惡之源。

昭和39年（1964）——31歲

想要穩定員工冷漠散漫的心，該怎樣做才好？

不擅言語、又無筆墨能力的我，決定開始徹底的打掃。我的想法是，保持一個乾淨整潔的職場環境，讓跑業務回來的員工有一個清潔零垃圾的職場環境。

把環境整理乾淨後，員工們的心就不會再冷漠散漫了吧？清掃是我唯一能為他們做、並表達謝意的事情。

然而，我剛開始打掃廁所時，還有員工若無其事地在旁邊解手，或直接從我正在擦洗台階的手上跨過去。大多數員工都覺得「掃除有什麼用？還是提高銷售額，多賺點錢才要緊。」

還有一位來我們公司拜訪的銀行業務員對我說：「社長就應該做些社長該做的事不是嗎？」

我經常從外人那裡聽到員工批評我：「我們社長除了打掃，什麼都不會。」甚至來我們公司參訪、進行企業研究的產業能率短期大學（現產業能率大學）老師還曾對我說：「這樣是無法成功經營企業的，你不適合當一個經營者。」

聽到這樣的聲音，我也幾度迷惘，想要放棄。但迷惘過後，仍繼續掃除，之後又難免迷惘，就這樣堅持到今天，因為我很清楚做這些事情的價值。

至少我確信掃除能驅散內心的冷漠，有助於我的內心安定平穩，不被「空虛」和「脆弱」佔據，一直堅持到今天。

無論怎樣想，都沒有比掃除更好的方法了。

以掃除改良公司風氣

一張違規紅單的提醒

‖昭和40年（1965）—32歲

一月・開設仙台營業所（現北海道東北分店）

當時還沒有高速公路，我每天都得開車在鹿兒島和青森之間奔波。我當時開的是一台福斯二手車，每次出差就要五天，卻沒有一晚能好好住宿，只能在車裡瞇一會兒，或者露宿。那時我一年要跑八萬公里，也就是每年繞地球兩圈。也因為我的身體格外的好，才能做到。

然而，舟車勞頓去拜訪客戶，對方卻未必會見我。還有人嗆我：「我沒有生意給你做，別再來了！」或「還敢再來！」，甚至拿水潑我或拿掃帚把捅我。

還有人當面撕毀我們的名片，儘管我個人對這樣的處境並不會太在意，卻經常因為他人的冷漠對待而流下委屈的淚水。

那時候，是恩師的一句「淚定量，汗無限」激勵我前行。人的一生中，眼淚的量是一定的。年輕時多流些痛苦的淚水，汗則是只要活著就會繼續流著。恩師教導我，汗流越多越好。我現在體悟到，汗也好，淚也好，年輕時多流點是再好不過了。

少年時沒有流的汗水，都會在老年時轉成淚水。

一心工作的我，經常不分晝夜都在做事。

我離京做生意時，為避開白天的交通高峰期，總是早早就出門。

那一天也是，因為要去廣島出差，我淩晨兩點從家裡出發。從公司所在地千代田區三番町出發，在麴町二丁目遇到紅綠燈。當時是紅燈，我左看右看，四下無車，因為急著趕赴目的地，一時沒留意闖了紅燈。車剛過路口就聽到「嗚嗚—」巡邏車刺耳的聲音，我被後面的巡邏車逮個正著。

「這下糟了」，震驚之餘，我停下車。

警察從追過來的巡邏車上下來，問：「那是紅燈！沒看到嗎？」

我蜷縮著身體，不斷道歉，回答也顯得畏畏縮縮：「對不起，我知道是紅燈，但我沒注意到巡邏車。」

我原本打算實話實說，但太緊張，回答的過於誠實了，只能和警察相視苦笑。即便如此，警察還是收起了和顏悅色，繼續對我盤查。

「大半夜這麼著急，去哪兒啊？」他邊問，邊預備開罰單。

「我現在要去廣島做生意交貨，想早點過去，明知道這樣不對，還是忍不住開太快，實在抱歉。」

聽了我的回答，警察原本握住原子筆正要開罰單的手停了下來，「什麼？你現在要去廣島？」

我的小貨車上滿滿都是商品。

警察也同情我的處境吧？「這樣的話，很辛苦啊」，他小聲嘟囔著。

他接著說：「今後再著急也別闖紅燈了！今天也是沒辦法，明明要去廣島，結果一出門就被開罰單，心情也不好吧，就當我沒看到吧。一路小心啊！」

那名警察竟然放過我。對於這意想不到的「處置」，我十分感激，多次向警察道謝，隨後，便往廣島去了。

當然，闖紅燈和違法停車絕非好事。我希望打造一個不用違反規定也能健全發展的公司。

人啊，哪怕是違反再小的規則，每違反一次，心志就被削弱一分。我雖然沒有本事，也希望至少強化自己的「心力」，所以自此之後，便堅持不做任何違規的事。

每打破一次規則，心力就削弱一分。

昭和41年（1966）──33歲

一月二十四日・長女祐子出生

從妻子入院待產，到產後出院，我都未能在醫院陪伴她。那時我為了事業在全國各地奔波。妻子住院期間，我一次也沒去探望，最後妻子帶著長子和長女回家了。

當時，我傲慢地以為「女人生孩子是理所當然的」，但上了年紀後，我懊悔不已，覺得「做了多麼無情無義的事」。

一想起那時的事，不管多忙都沒有辯解的餘地，心中充滿深深的懺悔和歉意。每次看到抱著孩子、全心養育孩子的年輕母親，心中都會一痛。

但事到如今，無法回頭。我只希望和妻子共度安穩、完美的餘生。

多虧了身邊之人，才能變得幸福。

——日本佛教詩人坂村真民（1909-2006）

四月・開設名古屋營業所（現中部分店）及大阪營業所（現近畿・四國分店）

以破盤價買下黃金地段

■昭和42年（1967）—34歲

六月，在東京千代田區三番町九番地買入土地和建築，將總公司遷移至此。

由於掃除的機緣，我才有機會買下這塊土地和建築。

因為工作關係，天未亮就出門，深夜才回家，深知給鄰居們添了不少麻煩，所以我們夫婦二人經常清掃住家公寓及附近一帶。見我們如此，土地所有者田中進先生非常感動，以破盤低價將土地轉讓給我們。

某天，田中先生叫我過去。我至今還清楚記得，他對我說：「請買下這塊土地吧。」三番町距離皇居和永田町都很近，各國大使館都座落在此，地段極佳。田中先生的土地東鄰教廷駐日大使館，徒步去英國大使館也不遠。

我很清楚，對這塊地有興趣的個人或企業絕非少數，因此鄭重地拒絕。但田中先生卻對我說：「你能出多少錢？不用客氣，直說就好。」但是，正因這是不切實際的請求，我再次鄭重拒絕了。即便如此，田中先生還是想盡辦法問出我可負擔的價格，將這塊地轉讓給了我。

後來我才聽說，當時田中先生已決心把這塊土地賣給我。也就是說，田中先生不計得失，憑著真心將這塊土地賣給我。

我記得，他當時大概是以行情價六分之一的價格，將這塊人人搶買的土地賣給我。儘管這塊地的地價高且求之者眾，他還是拒絕了其他人，轉讓給我。現在回想起來，還是覺得不可思議。

如果易地而處，我也不見得做得到田中先生這樣吧。田中先生就像觀音菩薩一般，直到今天對我都是無可替代的大恩人。我能有今天，無疑是托了田中先生的福。

我把連同這塊地一起購入的一棟小樓房暫作總公司的辦公室使用，大概使用了十年時間。在這期間，這塊地發揮其擔保能力，多次幫公司度過危機。

田中先生於平成十八年（二〇〇六）十一月三日辭世，享年九十三歲，安然而終。

掃除即是包容一切

我得以在東京的一等地段購入土地，不只是因為掃除近鄰而已。

當時，我們一家住在田中先生出租的公寓（九間租屋其中一間）。某回房租合約快到期了，妻子主動提出：「是不是忘記要續約？」讓田中先生非常吃驚，也很開心，「租客主動提出要續約的，鍵山先生你們是頭一個。」其他八間房客不是裝傻，就是對續約要求不理不睬，賴著不走。難怪平日總為這些房客傷透腦筋的田中先生，會對我們主動續約感到這麼開心。

當時，一個月的房租是一萬五千日元，押金十五萬日元。合約規定，租金每兩年調漲一成，押金減少一個月。雖是雙方都同意的合約，續約時卻少有爽快履行的房客，令田中先生十分困擾。我不忍心看田中一家受此困擾，一一為他們解決問題，讓田中先生一家從心底感到歡喜。

此外，我和妻子經常幫忙整理公寓前盛開的杜鵑花，田中先生對此也非常歡喜。這些事情積累起來，讓田中先生對我們夫婦大為信賴。

八月，將公司在關東地區加油站的批發銷售部門獨立出來，成立（株）CORNER ROYAL 公司。

第三章

信任為本的經商之道

35歲（1968）—54歲（1987）

開業界先河，從批發商跨足零售業；無畏惡性競爭、同行打壓與黑道恐嚇，以誠信定價及店內乾淨的廁所贏得顧客信任，重建業界商業道德。

55歲那年，黃帽總店數達百家，公司資本額接近十億日圓。

「不二價」建立顧客信任感

昭和43年（1968）——35歲

四月・開設福岡營業所

二十世紀六〇年代，汽車業界的產業倫理和商業道德都處於形同虛設的狀態。很多從業者沒有商業道德，時常坐地起價，與其他產業相比，算是十分冷漠散漫的行業。

舉個例子，遇上下雪天，幾乎所有店家都會理所當然地把鏈條價格調高十倍，可說是業界常態。

但我無論如何也無法接受這種商業陋習。於是，一反業界常規，無論下不下雪，我都以同樣的價格出售鏈條，也因此受到同行的抵制和厭棄。

間接傷害來自於激烈中傷和誹謗，有人批評我：「那傢伙真是狂妄自大，要讓他在這行做不下去。」直接的傷害則是，一遇上下雪天，業界同行就把我們公司庫存的鏈條全部買光，囤積起來高價出售，賣剩的則等融雪後，退貨回來給我們。用這樣卑劣的方式故意找麻煩。

儘管如此，我依然故我，還是秉持不二價的原則。因此，得到顧客極大的信任，店鋪數量倍增。

就算店鋪數量增加，我們還是費盡心力，致力消除「顧客的不信任感」。我們是第一個摒棄價格曖昧不明的陋習，把價格明確標示出來，這是基於讓顧客安心購買而實施的基本服務。

當時我們全公司大概有二、三十位社員，具體的社員人數，即使我是社長也難以掌握。因為昨天剛入社、今日就要辭職的社員層出不窮。那時候，我每天都無法安心做生意。

某天，有個社員開公司車載著商品跑了，後來車輛被警方通報，警方也來公司進行盤查。原來社員將商品轉賣後，將車輛丟棄後逃走。

那時，我感到相當難堪，比起被轉售的商品損失，我深刻體認到公司若只能吸引這種社員進來，是沒有意義的。儘管我以「理想的公司」為目標，獨立創業，但我明白事實與理想間有著遙遠的距離。

於是，我寫了封道歉信給負責保管車輛的分局。信裡寫道：「感謝你們保管此車，避免它被用於二次犯罪。」

分局長還鄭重的回信：「您能理解我們作為警察理所當然的職責，我感到無上的喜悅，我已讓分局全體同仁閱讀了這封信。」

批發跨足零售，開發多款熱賣商品

■昭和44年（1969）——36歲

六月・從只做批發銷售，轉向開始在大型零售商店內進行專櫃零售。

在此之前，我們公司只專注經營批發銷售的業務，但為了滿足客戶需求，我們決定大幅調整經營形態，開啓新的營銷模式，就是在大型零售商店內進行專櫃零售。說起來，就是批發零售。

雖然還是維持批發業務，但零售能和消費者面對面，直接聽到消費者的聲音，讓專櫃銷售成績大有斬獲。大型零售商店也對我們讚不絕口，顧客好評如潮。公司的銷售額也從此時開始逐年提升。

那時有一件賣很好的產品，就是頭枕（安裝在汽車座位靠背上方保護頭部免遭碰撞衝擊的靠枕），因為當時出現很多汽車追撞造成的揮鞭症候群（通常在追撞事故或玩驚險遊樂設施時，因突然加速或減速而讓頸部出現如鞭子般抽動、反彈所造成的損傷）。我搶先察覺此一社會現象，將頭枕用本公司的規格，向製造商大量訂貨，壓低成本。此一決策發揮了功效，確保較大利潤的同時，也能以低價供應市場，創造成功的銷售紀錄。

處理專櫃銷售時，小物件商品是重點，像輪胎這類大物件，則被排除在銷售物品名單之外。我把焦點放在小件商品上，積極提案開發消費者喜愛的商品。

不顧製造商的躊躇不前和員工的反對，毅然決定下大單的商品，還有座椅罩。我的直覺正中目標，座椅罩又成為大受歡迎的商品。

就這樣，我不只是銷售人員，還要積極參與商品開發。面對製造商時，又要保證產品的銷售順暢。我一邊承受著風險，一邊拚命大膽進行決斷。結果產生了一件又一件大受歡迎的熱門商品，雖然這樣的結果多少受惠於時代趨勢的影響，但自己的拚命努力也讓眼光變得更加敏銳吧。現在回想起來，能產出這麼多熱門商品，真是太不可思議了。

昭和45年（1970）——37歲

這一年，千葉縣柏市的老主顧向我打聽一款商品，就是空氣喇叭。當時，只有美國軍用車上有汽車喇叭，是一種靠壓縮空氣來發出聲響的特殊警報器。

這種汽車喇叭並非日本製造，因此這位老主顧多方打聽探尋仍未有結果。就算去大型批發店詢問，對方也冷淡地回絕說：「沒有那種東西。」這位老主顧四處奔走沒有找到，最終才來拜託我。

對我來說，客人主動來找我，是絕無僅有的機會。我心想「某處應該會有」，便到處尋找。終於在東京江東區豎川的一家拆卸店裡找到了。

我充滿欣喜地將拆解得到的汽車喇叭交給了老主顧，他開心地幾乎要跳起來，不停地表示感謝，「您真的找了！就是這個！就是這個！」

我見到老主顧的喜悅，確信「這種商品一定會賣得好」。萬幸的是，這件商品內側貼有生產廠家的標籤。這家製造商名叫哈德利公司，位於美國一個叫托萊多的城市。

我立即赴美與製造商簽訂了銷售協議，當時的哈德利公司還是一家小製造公司。我將這款商品取名為「美國人喇叭」，介紹給各個銷售店。

恰逢當時在日本，菅原文太主演的電影《卡車混球》人氣很高，乘此時代的東風，這款「汽車喇叭」成了爆紅的流行商品。最初老主顧來找我幫忙時，我不怕麻煩，反而懷著誠意認真應對，事後才能贏得顧客滿滿的信賴，並持續往來。到現在我還很慶幸當時能及時回應。

不要怕麻煩就懶得做

車子越乾淨事故率越低

昭和46年（1971）——38歲

十月，父親幸三郎去世，享年七十七歲。

父親彌留之際，我正在姬路一帶出差。

在出差地得知父親病危時，我自以為「完成工作後再回去，應該也趕得上吧」。反倒是同行的老主顧勸我，「這個時候，還是立刻回去較好」。

這位老主顧還特意驅車將我直送岐阜老家，到家時已過深夜。父親在第二日中午，靜靜地沒有了呼吸，彷彿為了等我歸來。我能趕得上見到父親最後一面，都是托這位老主顧的福。

臨終時，父親手指著天花板，說了句：「蒼蠅在飛。」他應該是想說「不乾淨，抓住它」吧。這是我如此愛乾淨的父親說的最後一句話。

隨著員工人數增加，公司用車的事故也變多了。「遵守限速，注意安全駕駛」、「今天下雨了，小心打滑」，即便不厭其煩的在早會上呼籲小心行駛，但事故一如既往沒有減少。

無計可施的我，最後想到的辦法是，把車子徹底洗乾淨。但我無法勉強員工，只好在休假日帶著妻子和兩個孩子到公司洗車。僅總公司就有約十輛車，寒冷的冬日，孩子的小手凍到通紅，差點哭出聲了，還是繼續幫忙。

見到社長親自流汗洗車，不久後員工們也逐漸開始幫忙。員工們親自參與洗車後，不可思議的，車輛的事故和故障事件大幅減少。我想，大概是親手洗車之後，對車輛產生了感情，駕駛態度也變好了，才能認真對待車輛吧。

雖然我不明白事故與洗車二者在邏輯上有何因果關係，但可以確定，車輛清洗乾淨後，事故發生與故障事件大幅減少。這次的體驗讓我再次確認了，掃除具有令人敬畏的力量。

百術不如一清

——明治時期著名私塾「松下村塾」創辦人玉木文之進（1810-1876）

父母長眠之墓位於岐阜老家附近

休假日還去清洗公司用車的作者

父親過世一年後，我處理掉他在市谷的所有土地，一共二百八十二坪的土地，以每坪十萬日元的低價出售，最後賣得二千八百二十萬日元。

這是父親的遺產，本應由我們兄弟姐妹五人均分，但不忍坐視我因事業資金陷入困境的長兄，說服了其餘三名兄弟姐妹，將這筆錢全歸我使用。其餘三名手足也同意了，沒有任何的抱怨和不滿。我將這筆錢盡數傾注公司作為周轉資金。我對培養出我們這些孩子的父親，他的身教及作風，再度充滿敬畏之心。

因為我直覺認為，兄弟姐妹們是從父親的處事方式中學會了做判斷。

這時期也遇上了人才成長的腳步趕不上事業擴展的窘境。

經營專櫃時，明明到了營業時間，負責的員工卻還沒來上班。專櫃業者聯繫我時，我真的不知該如何是好。

這時我最大的依靠就是妻子，我聯繫了妻子，屢次請她幫忙櫃檯銷售。妻子帶著兩個孩子，經常來替手工作。

而且，一到歲末年初，幾乎所有的員工都要回老家。但這時又是公司最繁忙的時期，有些店面還會出現缺貨的情形。我就一個人開著卡車，來回奔波配送商品。

有時送貨趕不及商店的營業時間，到達時店鋪已關門，便將商品先置放店鋪後方，再繼續奔走。我連在家裡休息的時間也捨不得，更多時候是在倉庫的貨架間鋪上瓦楞紙，小睡片刻。

伸出援手反遭恩將仇報

‖昭和48年（1973）—40歲

五月・隨著零售部門順利增長，設置了第二營業部。

有時我會答應有資金周轉問題客戶的請求，進行資金融通。久而久之，融資額已達約六億日元。我判斷再繼續下去，雙方公司都危在旦夕。於是，我接受了對方公司重整的請求。

但實際接受後才發現，這家公司濫發賬外票據，實際負債額在十億日元以上。我迫於籌措資金，最後甚至被逼到不得不拿出孩子的壓歲錢應急。

不只有客戶對我窮追逼債，那位本應感激我伸出援手的前社長竟然還帶黑道來找碴。

那位前社長說，「鍵山霸佔了公司」、「把我借給公司的錢還給我」。所謂的恩將仇報，不過如此吧！

最初，前社長為了感謝我的援助，幾乎要對我下跪磕頭，但等到最後無法成功重整公司時，休說感謝，反而開始怨恨我。我經歷了這樣一段痛苦的體驗。

但是，面對此事，不可思議的是，我並無後悔。這並非說強硬話，而是我覺得這樣很好。因為我能挺過那樣艱鉅的考驗，面對後來的苦難才能泰然自若地想「如何戰勝它」，直面問題。

而且，我不再害怕失敗。因為我知道，失敗無法避免，無論多少次，都可重新再來。

> 人會歡喜地報答小恩惠，對中等恩情也可不忘懷，但對於大恩大德，多數人往往忘恩負義。
>
> ——法國箴言作家拉羅希福可（François de La Rochefoucauld，1613-1680）

那時，我還曾被六個惡棍架走，監禁了約二十五個半小時，陷入困境。過程中，他們不斷恫嚇我，不停的侮辱、謾罵我，甚至拿手邊的煙灰缸和花瓶砸我，用剃刀劃破我的衣服。

即使如此我也不為所動，這些惡棍像要更進一步挑釁似的，多次朝我臉上吐口水。我沒有擦拭從臉上滴落的口水，而是忍耐著直到它們乾掉。

我之所以能夠忍耐，是因為明白中國成語「唾面自乾」的道理。

也許是我的態度過於泰然自若，連惡棍們都束手無策。最後，他們竟為我安排了車，將我送至附近的車站，讓我順利脫離困境。

每次回想起這件事，我都嚇得魂不附體。但我卻從未向員工和妻子提及此事，因為我決心自己承受這些痛苦和羞辱。說出來也只是讓更多人擔心，沒有任何意義。

即使與別人談論苦楚，也不過多增一個痛苦的人。

平成 8 年（1996 年）與家人合影
中為長女祐子，左一起為長子幸一郎一家人。

家人的支持是最大後盾

昭和49年（1974）——41歲

這一年，長子上中學二年級，他很想要當時流行的手提音響（收音機與卡式錄放音機一體化的裝置）。卻不敢直接對我開口，只好不停纏著他母親撒嬌。我妻子很為難，當著我的面對他說：「你自己跟你父親說。」但兒子還是說不出口。

我大女兒見狀，幫腔說：「哥哥的朋友們都有。」我說：「家裡也有收音機，不用非要拿著邊走邊聽。」

我兒子回答說：「那我用自己存的錢買可以吧？」我被他的反擊嚇了一跳。

在那之前，孩子們都把祖父母給的零用錢和壓歲錢存起來。當時有段時間苦於公司資金周轉不靈，我甚至將孩子們存的錢拿去還債。

妻子很清楚我苦於資金周轉問題，因此就算我動用孩子們的錢，她也沒說什麼。大兒子不瞭解情況，才會說要用自己的錢來買。

我那時真的無地自容，面對孩子，心中充滿自責。

因此，比起教育孩子的心情，我心中總是充滿對孩子的歉疚之情。況且，我絕不想嚴厲斥責孩子，也不希望孩子去做那些會被我斥責的事。

我該怎麼做呢？除了踐行一種不責罵孩子而能讓他獲得成長的活法之外，別無他法。我能做的就是不要在孩子面前展現沒規矩的一面。

比如說，不管回家有多累，我從未在孩子面前隨便躺下。即使躺著，一聽到孩子的聲音，就立刻起身，不讓孩子看到自己不雅的姿態。

如果自己本身就沒規矩，卻因孩子沒規矩而發火，似乎不合道理。對孩子的教育，相較於言教，父母的身教更重要，沒有比父母的身教更好的教育方式了。

透過工作上和踐行活法的拚勁，得到孩子的憐惜。

女兒祐子非常像我，是個不擅長學習的孩子。話雖如此，但她從不翹課，總是乖乖出勤，我很欽佩地看著她每天開開心心去上學的身影。

女兒八歲時，我生意上虧損不斷，公司搖搖欲墜，好幾次差點要被擊垮。甚至還想過，如果能一覺不醒該有多好。

但我從未在家人面前提及工作的辛苦，努力表現得一如平常。

父母的一舉一動，孩子們都看在眼裡，或許多少感覺到什麼吧，女兒每天會在紙片上寫著「捶背券」（如下），放在餐桌上。

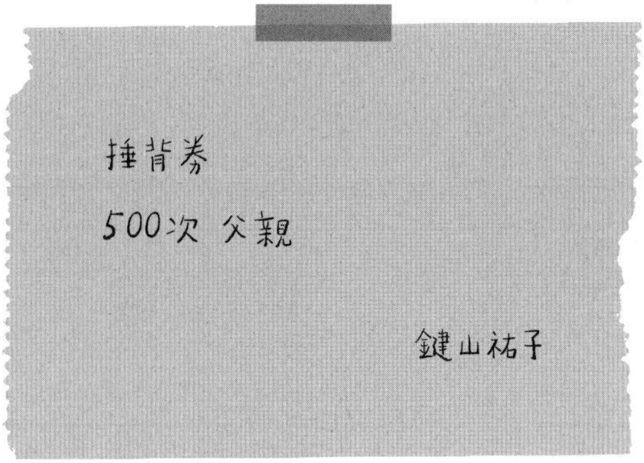

雖然女兒的學習成績並不突出，但她對我的惦念，安慰了我的心靈。對於當時的我而言，女兒這張「捶背券」是超越一切撫慰心靈的良藥。於是，我下定決心：「好！在這孩子成人之前，不管多艱辛、多痛苦，我都要活下去」。女兒的關心使我內心歡喜，成了巨大的鼓勵、戰勝逆境的精神支柱。

像這種家庭小事，或許不足為外人道，但對家庭成員而言，則令人特別喜悅和感動，在心底迴響，讓我再次深切領悟到家庭關係的重要性。

即使身處不走運的家庭環境，也該知道家族成員間互相關懷是多麼重要。只要家庭成員互相幫助，就沒有解決不了的問題。

我女兒如今已屆中年，雖然從小功課不好，但她身上有多項值得欽佩之處，像是她絕不在背後說人壞話，與孤僻的同學也能友好相處。這是為父的我從孩子身上學到的。

員工與顧客的感受比銷售額重要

■昭和50年（1975）——42歲

九月・直營一號店「黃帽鎌谷店」開業

我當時住在千葉縣的柏市，一直想尋找新店鋪。偶然間注意到千葉縣鎌谷的店鋪，當機立斷做了決定，才有了今日的局面。

十一月・全面停止專櫃銷售。位於立栃木縣宇都宮市的「黃帽宇都宮南店」開張。

我有預感，時代的潮流將從批發銷售轉向直接銷售。這時，交易銀行勸我訂下宇都宮的店鋪。這間店鋪原本是保齡球館，後來保齡球館漸漸沒落。於是，我們重新整修，開張後就是「黃帽宇都宮南店」。

「黃帽」之名源自於「交通安全的黃色帽子」。店名是由員工一起徵選出來的。當時業界基本上多以「飛車族」為做生意的對象，而我卻一直努力想創立一個女性也能輕鬆走逛的店鋪。

具體做法首先就是要有清潔的廁所。我理想中的店鋪就是——提起該店就會想到：「黃帽的廁所很乾淨，想去方便時就去黃帽吧。」同時，為了讓上門的客人覺得「沒法做『飛車族』」，特意不擺設「飛車族」喜歡的商品。

那天很冷，細雪紛飛，強風勁吹。我去福岡巡訪客戶，看到我們公司的員工在店鋪外販售商品。

我請求店長：「能否給他們一個暖爐放在腳邊，小一點也沒關係。」但對方卻冷漠的回答我：「不用提供暖爐吧，沒必要。」

我判斷不需要再與店長繼續交涉下去，便直接去拜訪這家公司的社長，並談到這個問題。令我吃驚的是，社長回答的內容也不相上下。

我對這位社長的態度十分憤慨，再次確認了「這不只是店長的想法，而是公司整體的方針」。於是我說：「那就沒有辦法了，請允許我們取消交易。」然後離開這家公司。

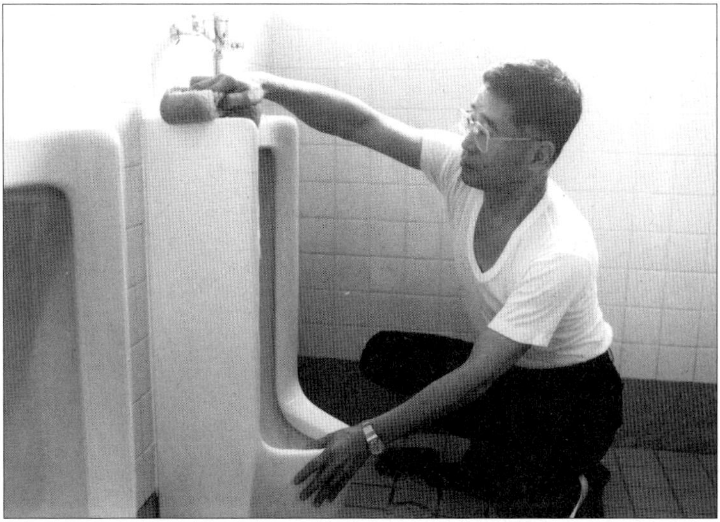

打掃公司廁所

我回到店鋪前，吩咐正在販售商品的員工將所有商品撤回。從那以後，我們全面終止與那家公司的交易。比起公司的銷售額，我更不想讓員工感覺自己的工作很卑微。

凡事若只考慮眼前的利害得失，容易變得諂媚和卑躬屈膝，於公司經營毫無意義。就算犧牲公司利益，也不能失去應該守護的重要東西。我希望可以兼顧顧客以及自家公司利益。人有了要堅守的東西，心志才會變得堅定。

不做讓員工感到卑躬屈膝的生意

懷抱危機感，挺過大型零售店惡性競爭

▌昭和51年（1976）—43歲

銷售方針轉換・從「大量少品項」到「少量多品項」

這一年，黃帽的銷售額約五十一億日元，當中約有二十九億日元是與兩家大公司的交易額。我卻決定取消與這兩家公司的交易。

理由是對方過於苛刻的砍價和強行給員工出難題的情形，已令人無法接受。再繼續下去，公司將被敲骨吸髓、用完就丟，甚至會損害員工的身心健康。如果讓員工有卑躬屈膝的感覺，即使繼續經營公司也沒有什麼意義。

一旦對降價的要求面露難色，對方就會說：「我們的顧客不止您一家，如果不願意配合，以後是否繼續合作還不一定。」完全沒有交涉的餘地。

決定取消訂單時，員工和往來銀行當然都強烈反對，他們說：「社長是不是精神失常了？」但我心意已決，毫無猶豫。

一步走錯就可能動搖公司的根基，非同小可。事實上，也有製造商放棄交貨，或是交貨後又撤回的。

此外，金融信用公司也宣佈中止交易；再加上被我們取消訂單的那家公司拜託徵信社，針對我們的交易銀行和製造廠商展開了調查攻勢，一天最多甚至有多達十位調查員前來巡查訪談，對方採取的戰略是動搖與我們有合作關係的其他公司，使其陷入擔心我們公司信用問題的狀況。

但是，即使犧牲公司的銷售額，我也不想讓員工悲慘地工作。結果我的決斷發揮了功效，如果當時我瞻前顧後，那當今世上應該也不會有黃帽了。我確信，正因當時當機立斷，才能展望未來。

如今，與當時我們取消交易的對象有往來的公司已全數破產倒閉，無一家倖存。

優秀的人要能做出決斷，做決斷時要拋去私利。

這一時期，大型零售商店的蠻橫也越發嚴重。以下為一例：

我們身為租戶，理所當然為了提高店鋪收益，會努力調查顧客需求和地域特性，研究並推出熱賣商品。但是，見我們的店生意興隆，房東（也就是這家大型零售商店）卻在同一個商樓裡開設另一家與我們販賣相同商品、面積卻大上好幾倍的店鋪。不僅如此，商品價格都賣得比我們稍微便宜些。

複製我們的商品樣式另開新店，真是極其卑劣的經營手段。不僅我們公司，任何生意興隆的租客，都遇上這樣蠻橫卑鄙的遭遇。一旦出現販售相同商品卻更便宜的競爭商店，原店家的銷售額肯定會受影響，最終不得不關店並搬出商店大樓。

然而，租客一旦想取消合約，就得面對簽約時繳交的保證金被凍結、十五年零利率且中途不返還的無理條件。那個年代是預存銀行十年，本金即倍增的高利息時代。

附帶一提，當時我們公司預繳的保證金為一個店鋪約一億日元，所有店鋪加起來共約十五億日元。雖然我很清楚這些條件多麼無理，但身為租客卻又不得不接受。窺一斑而見全豹，當惡性競爭一再發生時，公司自然會被大型零售商店擊潰。

回想當初，這類事件真是數不勝數。我經歷了許多難以描述、難以忍受的屈辱。

四月・Pepboys 開張（編案：黃帽初期曾以 Pepboys 為店名開店，後來漸漸統一為黃帽）

六月・開設札幌營業所

八月・買入東京大田區北千東的土地及建築，將公司搬遷至此。

銷售方針從「大量少品項」轉變為「少量多品項」銷售，是因為商品庫存過剩對店家是很大的壓力。這點是我在店裡掃除時體悟到的。掃除時可以清楚感受到商品上「落了灰塵」、「不再新鮮了」。因此我製作了「庫存過剩是萬惡之源」這個標語，分發給店家，張貼在店家辦公室裡。

我了解從批發商的角度來看，盡可能一品多量的銷售效率更高。事實是，比起「既賣這個，也賣那個」的銷售方法，幾乎所有從業人員多採取的是「一次連同這個買起來，能便宜這麼多」這種不費功夫的銷售方法。

也就是說，「大量少品項」的銷售是批發商及批發業的本質。

我觀察業界的發展，心中危機感愈發強烈，認為如果持續這種經營方式，零售店將為資金周轉所苦，最終將無以為繼。

於是，當一般商店都希望顧客儘量打包採購，相反的，我們請求顧客摒棄整合購買，只需下單必要的商品。

這一大轉變在當下對公司而言並無任何好處，但大約過了十年，到了一九八五年左右，這樣的銷售方式開始大大發揮威力，這一時代，無法改採「少量多品項」銷售的批發商是找不到活路的。

我們公司現今能在擴大營業範圍的同時，滿足客人的需求，多虧提早接受這種不合道理的情況，並努力改善。雖然在當時算是個不看好的策略，但卻奏效了。

如果那時我只著眼於眼前的銷售額，公司現在可能已倒閉了吧？當時面對不合常理的情況，拚盡全力忍耐，事後證明當時的決策是正確的。

遠謀者富，近謀者貧。

——日本江戶時代的農政家、思想家二宮尊德，又稱二宮金次郎（1787-1856）。

關東物流中心意外成為最便利據點

‖昭和52年（1977）—44歲

四月・開設金澤營業所

金澤的營業活動本來歸名古屋營業所管轄，但由於交通不便，成了巨大的營業負擔。於是，我實現創立北陸地區營業據點的念頭，在金澤建立營業所。

‖昭和53年（1978）—45歲

四月・在埼玉縣北葛飾郡吉川町開設關東物流中心，開始「少量多品項」銷售。

值此「大量少品項」到「少量多品項」銷售方針轉變之際，我著手開始擴充整備物流系統。

我一直相信，對於批發商和批發業而言，擴充物流是公司成長不可欠缺的條件。物流中心就相當於人類的心臟，關東物流中心就是基於這一想法完成的。

關東物流中心聘請許多兼職員工，其中包括幾位智能障礙者。我每年會去這個物流中心好幾次，一整天幫忙作業。我每次去，特別是智能障礙者，高興得幾乎要來擁抱我。

我每次都是早上六點前出門，七點前到達。一到公司就開始清掃男女廁所，每次大約清掃四十分鐘。

清掃完廁所，就開始專心整理商品。圍上工作圍裙，歸類擺放將近兩萬項商品，以方便拿取。雖然是很單純的作業，但我僅僅只是去幫忙，大家就非常歡喜了。

中午一起在食堂吃午餐，大家爽朗地向我打招呼，我感到被溫暖的氣氛包圍，有一種無法言說的幸福感。

智能障礙員工主要負責處理紙箱等單純作業，雖說身有不便，但在工作表現上，他們做得比健全人還好。

作者在整理商品

我再一次深切感受到，公司是由這些後臺工作人員所支撐。我雖公務繁忙，但直至卸任前，都堅持年年前往物流中心的慣例，那也是我的一大樂趣。

重視弱勢群體

關東物流中心是我在交易銀行的勸說下買下的土地。

當初，我對這塊地並不感興趣，因為這裡交通不方便，但銀行拜託我，我才決心買下。

買下這塊地後，距離物流中心約三公里處新設了一個高速公路交流

黃帽關東物流中心的外觀

道，正是首都高速公路的「三鄉交流道」，這是始料未及的事。

而附近的JR武藏野線原本路線只從府中本町開到西船橋為止，後來開通到東京站，交通狀況大幅改善。

這一切全在意料之外，一改當初的交通不便，這裡成為了交通最便利的物流據點。

就這樣，我接受了當初不好的情況，結果卻是意想不到的順利。這不是單一的例子，我想這就是優先考慮別人，而非眼前利益的緣故。

接受不好的事情

昭和55年（1980）──47歲

十二月・資本額為三億日元

公司業務內容逐年增加，但我卻一次也未曾期望公司擴大，都是為了滿足顧客的需求，不得不擴大經營範圍。

過程中，公司多次面臨幾近倒閉的情況，我犯過的失誤更是多不可數。即便如此，公司還得以繼續經營，是因為一直能保有利潤。

簡單的說，利潤的根源就是──熱銷商品。這麼說有點自我吹捧，但公司一系列的流行熱銷商品皆來自我的提案。那段時期，我抱著一決勝負的決心經營公司，也讓公司業績突飛猛進。

與書法家相田光男的緣分

■昭和56年（1981）——48歲

二月，我有幸見到晚年出名的書法家相田光男先生。

起因於某天報載一塊約三公分見方的一句話「說的容易」，深深打動了我，十分好奇到底是誰說出這樣的一句話。我坐立難安，便去拜訪了住在栃木的相田光男先生。

那時候，相田先生不如今日出名，還過著窮困的生活。初次見面，相田先生給我的印象正是「求道者」的風格，一位從自身經歷得出充滿靈性的言語，並將其化為書法創作的人。

見面之後，我完全被迷住了，之後又多次拜訪，受益良多。我將相田先生當成老師仰慕，在各種場合介紹他的言論。相田先生逝世後，機緣巧合，我從相田光男美術館館長相田一人先生那裡得到了「說的容易」的真跡。每次相田光男美術館舉辦作品展，我都會出借這份傑作供展，可說是我家的傳家寶。

說的容易——日本禪宗詩人、書法家相田光男（1924-1991）

相田先生於平成二年（一九九〇）出版的著作《一生感動，一生青春》（文化出版局）中，有一章〈隨喜〉，當中出現的K先生就是我。「ROYAL三番町大樓」（別名：歐洲之家）在興建時，相田先生如同自己的事情一般歡喜，還贈予我下頁照片中的字畫以表祝賀。

這部作品是相田先生書法家生涯中作品最豐富時期的代表作。直到平成二十四年（二〇一二）此棟大樓售出前，這幅字畫都一直擺放在玄關前，製成陶板裝飾。順帶一提，真跡放在相田光男美術館展出，來館的民眾人人都可欣賞。

四月・（株）ROYAL的股票面額從五百日元變更至五十日元（編按：此處股價並非跌價，而是有計畫的「變更」。（株）ROYAL為了變更股票面額，透過合併另一間公司，將股票面額從五百日元變更至五十日元。）

十月・開設四國營業所

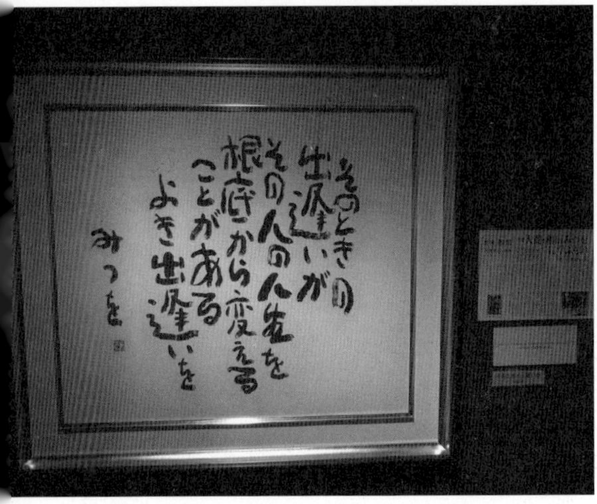

書法家相田先生贈送作者的真跡，
展示在相田光男美術館。

「黃帽」的招牌不是我一個人的

─昭和57年（1982）─49歲

七月二十三日，長崎突降局部暴雨。據電視和廣播報導，洪水氾濫市區，多數商店遭受嚴重損害，包括兩家我們公司的下游廠商也受到波及。我研判災情嚴重，當機立斷派了相關人員前往災區關切，隨後我也從福岡機場奔赴災區。

但通往長崎的道路已支離破碎，幹線道路也被封閉。儘管如此，我仍不放棄，一路挺進。決心就算車子進不去，背著行李也要徒步前往。

好不容易抵達災區，已是當日黃昏。現場還沒有自衛隊和消防隊的身影，也就是說，我們是最早進入災區的人。當地水電不通，復原作業極其困難，不得不用水桶接駁的方式，將水從河裡汲取上來清掃店鋪。

因為我們的效率，災害發生第二天，就重新開店做生意了。被水浸泡過的商品由公司全數帶回，無償換發新品。光說不練的紙上談兵，是無法解決危機的。

十一月・集團一號店「黃帽千葉都町店」開業

公司採取加盟連鎖的經營方式，因為我判斷「作為直營店經營有其侷限」。特別令人擔心的是人事管理和工作項目規範這兩方面。人事上，如果店鋪數量增加，將無法進行統一管理；工作項目上，一旦商品種類繁多，錯綜複雜，工作項目就無法規範化。

當時正逢「黃帽」店鋪拓展之際，我決定免收加盟店的權利金。理由之一是我不想在「上繳」、「下收」權利金的框架下工作；其次，「黃帽」是連鎖店的招牌，是大家共有的。這兩個決定都是奠基於我的人生觀。既然這塊招牌是大家共同擁有的，我的公司也只是共有者之一，自然不能恣意妄為，做出傷害這塊招牌的事，要小心謹慎地經營。

希望加盟開店的公司派員工來培訓，我們會支付日薪。因為培訓期間只要他們有學到東西，公司有一天也會因此受惠，所以希望能藉此聊表一點謝意。

黃帽連鎖店在拓展過程中，也有出現危機。公司原本是批發商，現在進軍零售業，被零售業者視為競爭者，進而抵制我們。

「豈有此理！沒辦法再合作下去了！」

那時，我親自一家家登門拜訪客戶的店鋪，來回奔波表達自己的真心誠意。

「我個人認為現今的業界慣例並不好，因此想用全新的方式開店，改變陋習。如果您認可我，我隨時可以轉讓店鋪，但您也必須承擔風險；若想繼續堅持固有經營方式，我也絕不會放棄我的計劃。」

不知是否被我的熱心和誠意所打動，零售業者沒有再站出來反對我。當然，我多少也遇到些麻煩，但從未放棄和改變當時的方針，直至今日。

真心誠意做事，就會有人伸出援手。

製作電影《扁擔之歌》成為業界人才教育範本

■昭和59年（1984）——51歲

四月・合併千葉（株）千葉黃帽公司、（株）仙台黃帽公司及（株）CORNER ROYAL公司，黃帽總店數達五十一家。

我並沒有積極希望拓展加盟連鎖店，都是對方主動希望加盟我們公司，成為工作夥伴；也沒有特別規定加盟審查的條件，基本上我們重視的是，人與人間的緣分和品格，希望將店鋪託付給適合的人經營。因此，各店鋪的加盟過程各不相同。

四月・完成電影《扁擔之歌》

電影《扁擔之歌》是我全額出資製作的作品。

當時大型零售商店利用本身的經營規模，肆意剝削弱小的零售店或製造商。我無法認同，也無法視而不見。看到大型零售商店的幹部西裝革履，卻只有外表紳士，覺得格外無法原諒。

於是，我抱著探究世間買賣原點的心，製作了《扁擔之歌》，絕非我手頭寬裕，當然也沒打算以電影製作為本業，只是想為冷漠的業界注入一股新風氣，而無法抑制真情。

《扁擔之歌》的劇情描述買賣活動的故事。主人公近藤大作少年時期經歷一番艱苦奮鬥，作為商人一路成長的過程，能給弱小的零售店主和製造商勇氣和感動。

在這個極少感動的世上，我祈願「更多人共享這份感動」，於是製作了這部電影。

《扁擔之歌》的三部作品
第一部（原點篇）、第二部（自立篇）、第三部（動盪篇）
© 日本電影企劃

公開上映前，電影專家並不看好這部作品：「不到一年就會被打入冷宮了吧？」意外的是，這部電影甫上映就引發熱議，許多公司還當作業務員的研修教材，一時之間蔚為風潮。

諷刺的是，同行的競爭對手率先將這部電影用作社員教育素材，大大提升業界形象。三十年過去了，這部電影如今還有許多人關注，成了長銷作品。

最近，有些不清楚來龍去脈的人熱心地向我推薦這部電影：「非常感人的電影，請您一定要看。」沒有比聽到這樣的推薦更令我開心的事了。

如果只考慮收益，無法製作這樣的電影吧？我滿腦子想著「業界不好，公司也無法好」才拍這部影片。因為這部影片，大家才開始關注業界的發展。

小人只為自己服務，君子則傾力為世而用。

昭和60年（1985）—52歲

隨著店鋪數量的增加，漸漸有員工希望獨立出去開店，公司樂見其成，並在體制上盡力支援。若員工希望獨立開店，卻無法拿出資金，我會讓他們經營已步上軌道的店鋪，用這種方法支持他們獨立，有需要也會調有經驗的員工過去幫忙。

從已步上正軌的店鋪開始，獨立風險較小。即便如此，也有一些無法提升收益的店鋪，總公司會考慮給予這些店鋪較優惠的進貨價格，並從總公司投入支援人力，支持的層面和條件越來越豐厚。

雖說是原來的員工，獨立後也成為公司的客戶，是具法人資格的經營者。因此我絕不會稱呼他們為「某某君」，這樣太失禮了。從他們獨立之日起，我就冠以頭銜，開始稱他們為「某某社長」。但如果這位社長在經營上敷衍了事，或投資一些不合身份的東西，如高爾夫會員證等，我會給予嚴厲的忠告。我自己比誰都瞭解，經營公司時，最忌怠忽職守和傲慢。

作者 50 歲左右時

以報恩的心，將大樓租給歐盟駐日代表部

■昭和61年（1986）——53歲

九月・第一次發行附認股權公司債，發行額五億日元。

十月・資本額增加到五億五千萬日元

經營公司時，也開始思考股票上市。為此，我考慮強化資本，並將債務多元化、分散化。

十月・母親佳奈惠去世，享年八十八歲。

母親晚年跟我二哥幸夫一家住在岐阜，身體還算硬朗。去世的那天中午，她從房間出來吃午餐，突然重心不穩，跌坐地上，人就過去了。母親能毫無苦痛地逝去，我覺得很安慰。

母親健康時，我帶她一起參加過公司的旅行。那時公司旅行經常去台灣、香港、泰國、菲律賓。對於吃了一輩子苦的母親而言，這些海外旅行成了她唯一的回憶。

二〇一三年，我的大哥寬治、大姐和子以及二哥幸夫相繼去世，尚在世的只有比我大三歲的二姐綾子和我了。綾子在愛知縣瀨戶市經營高級和服製作，現在仍健康地生活著。

昭和62年（1987）——54歲

五月・千代田區三番町的「ROYAL三番町大樓」竣工，租借給EC駐日代表部。

我計劃把從田中先生那裡以破盤價格購入的好地段，以公司名義租借出去。當時，新落成的「ROYAL三番町大樓」有地下一層，地上六層，總建築面積為三千三百六十九平方米。

竣工之前，期望遷入者紛至沓來。但是，我有一個原則。

「這塊土地是我從觀音菩薩般的田中先生那裡得到的。也就是說，這是觀音菩薩托我保管的，如果只考慮賺錢，實在心有所愧。這是田中先生秉持善意轉讓給我的，我也要秉持一樣的信念尋找有緣人……。」

恰好當時EC（歐洲共同體，現為EU，即歐盟）駐日代表部來找我。這塊地在警備安全及區域環境上都無可挑剔，他們很希望能租用這棟建築。雖然代表部的租金預算遠低於其他競爭者，但因符合我想向田中先生報恩的心，當即欣然答應。

後來我們還自費承擔一億日元，將這棟建築改造成EC駐日代表部需要的規格。這份租賃關係一直持續到平成二十四年（二〇一二），公司轉賣這棟建築為止。如果以私欲為先，是不會做出這樣的決定。

懷貪欲，則心冷漠。只為己用，消耗身心。

為人而用，心生從容。

八月・發行第一次附物上擔保公司債，發行額為五億日元。

歐盟駐日代表部承租至 2012 年的 ROYAL 三番町大樓
千代田區三番町 / © 石戸晋 / 照片提供：歐盟駐日代表部

第四章

改變人心的掃除之道

55歲（1988）—80歲（2013）

與松下政經塾合作，開啟掃除研習課程的契機，
續推動成立「日本美化協會」及海內外各地掃除學習會，感動無數人心。
期望透過掃除的學習與實踐，實踐百術不如一清，改善浮躁人心，以利社會。

松下政經塾的一堂掃除課

‖昭和63年（1988）——55歲

六月・開設北關東營業所（現為北關東分店）

九月・開設黃帽集團惠庭店，總店數達百家。

這一年開始接觸松下政經塾，契機源於我與當時的塾長上甲晃先生之間的緣分。上甲先生相當看重掃除這件事，因為他想讓塾生實踐政經塾主人松下幸之助先生的教導。

昭和五十四年（一九七九）六月二十一日，松下政經塾在神奈川茅崎市設立。隔年四月一日開塾，以創辦人松下幸之助先生捐出的個人財產為資金，開始營運。

第一期學生入塾式上，松下塾主那一席話至今仍口耳相傳：「明天開始，試著勤於掃除。」據聞屏住呼吸、專注聽講的新入塾學生個個呆若木雞，因為他們都是抱著想成為政治家或經營者的目標入塾，希望能學到學校沒教的高深內容。但塾主說的第一句話竟然是：「試著勤於掃除。」塾生們當然會吃驚，他們也許會覺得：「我們可不是為了學掃除才來這裡的。」

面對這種想法的學生，如何讓他們開始掃除？上甲先生費盡了心思。

當時有一位松下電器產業（現為Panasonic）的後輩，無意間聽到上甲先生提到此事。他是比上甲先生晚兩年進公司的後輩同事，與當時的ROYAL（現為黃帽）有合作往來。這位後輩同僚便向上甲先生引介了我：「掃除這件事，有個人很合適。」

瞭解我的情況後，上甲先生立刻拜託我給政經塾的學生講課，開啟了我與松下政經塾互動的開端。之後，我與松下政經塾的關係越來越深厚，新入塾的學生來我公司參訪已是慣例，他們使用ROYAL的廁所，進行掃除研修。

志向高遠，腳踏實地去實踐。

講完課後幾天，有一回我與學生們一同清掃塾內的廁所。看到收納清掃工具的空間，讓我很吃驚，因為工具雜亂無章，不適合掃除使用。掃除工具若無法好好收納，掃除是沒有意義的。後來，我帶著掃除必備的工具去政經塾，指導他們清掃廁所的步驟。

同年，前外務大臣前原誠司先生作為第八期塾生入塾。兩年後，前橫濱市長、時任眾議院議員中田宏先生作為第十期塾生入塾。

作者在松下政經塾（神奈川縣茅崎市）講課的情景

黃帽總公司放置清掃工具的場所

■平成元年（1989）——56歲

二月・開設富士辦事處（現富士營業所）

三月・在所有直營店鋪導入POS系統

四月・在所有營業所導入全新電腦系統

九月・資本額達十億三千萬日元

十一月・在愛知縣春日井市購入土地，中部物流中心及名古屋分店向新店轉移。

名古屋分店原本十分狹窄，卻一直找不到合適的商鋪搬遷，因為地主預期地價會上漲，不肯出售土地。剛好在春日井市找到了合適的店鋪，當機立斷決定購入。

作者嗜好讀書，受歷史小說家新田次郎《孤高之人》、《槍岳開山》、《縱走路》等作品感化，短暫休息時曾從槍岳向穗高縱走。
照片拍攝於槍岳山頂

平成2年（1990）——57歲

二月・資本額達十二億八千萬日元

十二月二十一日・向（社）日本證券業協會上櫃市場公開發行股票。資本額達六十六億五千萬日元。

ROYAL公司準備公開發行股票時，在股市受到極大的關注，發行前股價已大幅看漲。我對與市值不符的高價感到惶恐，為了等待風聲平靜，大概推遲了三個月才發行股票。

股價如果與市值不符，價格必會下跌，股東必會遭逢損失，我心中過意不去。基於此，才設置了冷卻時間。

當初預定九月十七日股票公開發行，依當時大藏省指示，每股發行價為一萬二千二百日元。我拒絕了大藏省的指示，延遲發行日期。

結果等到十二月二十一日股票公開發行，股價是七千六百七十八日元。也就是說，因為延期了三個月，每股下跌了四千五百二十二日元。

我當時持有股份約一百五十萬股，換算下來，等於損失了六十八億日元，雖然創業者利益大受影響，但相對來說，遭受損失的股民也就少了。

我至今仍認為這是個正確的決定，因為不勞而獲對個人和公司都是有弊無利。

面對利益要控制自己，面對損失要迎難而上。

結識田中義人，催生「日本美化協會」

平成3年（1991）——58歲

三月・第七次發行附物上擔保公司債

七、八月間，長子幸一郎的次子誕生時，孫女小惠在我家住了四十天左右，因為我們長媳、她的母親臨盆時陷入瀕危狀態，不得不長期住院。

當時孫女才三歲，我們夫妻竭盡全力不讓小孫女感到孤苦伶仃。最重要的是儘量不讓她想起母親，於是我們買了各種玩具給她。

也儘量抽空陪她一起玩，有時我回家已疲憊不堪，孫女還是等著要我陪她玩電車遊戲和騎馬遊戲。總之，我們生怕孫女要找媽媽。

有一天，我和孫女出門玩，她怎麼也不肯回家。我輕聲勸她說：「已經很晚了，我們回家吧。」

這時只見她伸出小手，指向車站，神情寂寥，小聲嘟囔說：「媽媽可能會來。」我心痛如絞，緊緊抱著孫女，心情沉重地回家。

孫女就只有那麼一次提起母親，可能她也盡力體貼我們夫妻。對我們夫妻而言，僅僅如此就感覺好像獲得了拯救。

媳婦出院後不久，我去長子家拜訪，當然也期待孫女看到我時可以飛奔著撲進我懷裡。但她一看到我，就跑上二樓了，大概誤會我又要把她帶走吧。現在她已三十一歲了，就像沒事發生似的會來我家玩。每逢此時，我就會想起當年的情景。

十月・參加F1（贊助蓮花車隊）

十一月二十三日，我與田中義人先生相識，那時我去參加岐阜縣的蛭川村（現在的中津川市）舉辦的「惠那明信片祭」。

自我介紹時，我說：「掃除可以改變人生，也可以改變公司。」田中先生

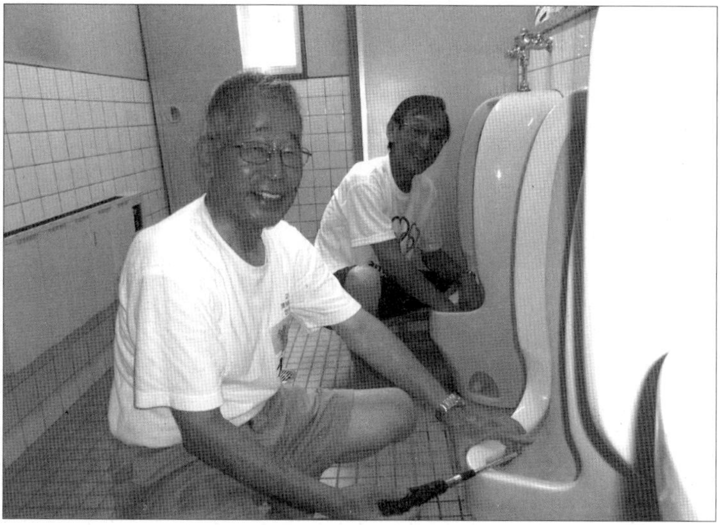

與時任「日本美化協會」會長田中義人先生（右）一起清掃廁所

被這句話深深打動，隔天就打掃了自家斜對面的一間小神社。這個神社是附近孩子的遊樂場，本來垃圾滿地，掃除後煥然一新。

「打掃乾淨後，整個地方像活了過來，打掃的效果太了不起了。」體驗過實作的感動後，田中先生開始打掃公司，他還帶動公司職員，一起參與黃帽總公司的廁所清掃研修會。之後，還參加了春日井市的物流中心研修會。

田中先生的努力有了成效，公司環境漸漸乾淨整潔。在那以前，儘管我到處推廣掃除的好處，卻沒人理解，與田中先生的相遇使我有了自信。

從那時起，掃除這件事逐漸得到人們的關注。「日本美化協會」的成立則要歸功與田中先生的相遇。

一生中該遇到的人，總會在適當時機相遇。

——日本哲學家、國民教育家森信三（1896-1992）

大約此時，我認識了「明信片道」的實踐者坂田道信先生。早已久仰坂田先生大名，印象中我在前一年，也就是平成二年（一九九〇）三月二十八日第一次寫「複寫明信片」（編案：將碳式複寫紙墊在專用存根聯本及明信片間，以原子筆書寫後將複寫的明信片寄出，只需寫一次就能將存根紀錄保留成冊。）此時有幸與坂田先生見了面，便以此為契機，開始正式寫起了「複寫明信片」。

就和掃除一樣，我一如既往的堅持寫著「複寫明信片」。截至平成二十五年（二〇一三）九月，我寄出了超過六萬四千張明信片。寫到沒水的原子筆芯也遠超過一隻手能握住的數量，在旁人眼中，用到沒水的原子筆芯一文不值，對我來說卻是無可替代的寶物。

我寫明信片完全是出於感激之心，因為相遇的緣分，我一心只想把感謝的心情融入書寫的當下。

沒想到寫明信片這件事，會在日後助我一臂之力，幫我廣結善緣。這樣小小一張紙的力量之大，直到現在都令我驚訝。

介紹一下寫明信片時，我會留心的三件事：

① 就算字寫得不好看，也不要連著筆畫寫，要一個字一個字寫好楷書。
② 封面的地址、收件人姓名要用毛筆書寫。
③ 郵遞區號要用原子筆書寫。

明信片的樂趣在於可反覆閱讀，我們收到別人寄來的明信片會覺得很開心，也希望我寄出的明信片讓收受者感到開心，那就是再幸福不過的事了。

成為寫明信片的高手——日本哲學家、國民教育家森信三（1896-1992）

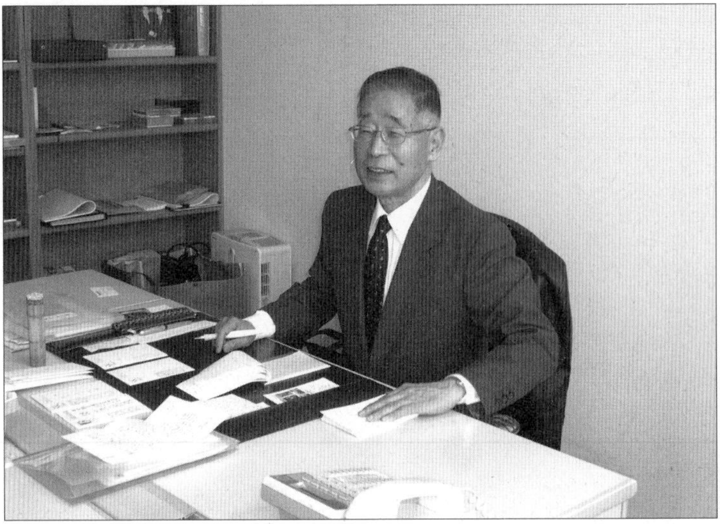

作者正在書寫「複寫明信片」

最近演講時我常提到「複寫明信片」，我會把用到沒水的原子筆芯用橡皮筋捆好，演講時拿出來展示。

有一次，我準備搭飛機，包包裡放著這些用過的原子筆芯。過安檢時，被安檢員問道：「請問這是什麼？」安檢員看著橡皮筋捆住的原子筆芯，驚訝得接連問了好幾次，我只能據實回答：「如你所見，這是用過的原子筆芯。」安檢員驚訝地直盯著我的臉。

大概是因為我看起來不像危險人物吧，當時就這樣通過了安檢。不過，我大概能理解安檢員為何會覺得不解。

會把用完沒水的原子筆芯珍藏起來到處帶著走的，大概也只有我吧？

用完的原子筆芯（上）和複寫明信片的存根（下）

平成4年（1992）—59歲

三月，金澤營業所搬遷新址

十二月，黃帽集團練馬店開張，店鋪總數達到二百家。

這段時間開始，我一天只吃一餐或兩餐，改變的契機源於我和坂田道信老師的相遇。坂田老師是國民教育學者森信三老師的得意門生，是徹頭徹尾的糙米素食主義者。

我以前都是一日三餐，每餐都吃很飽，現在受坂田老師影響，減到一日一餐或兩餐。我對斷食很有興趣，至今已參加過十次斷食。到我這樣的年紀還能保有好精神，要歸功於素食和斷食。

享受空腹

在坂田道信老師的指導下坐禪斷食

贊助鹿島鹿角隊並與奇哥結下不解之緣

平成5年（1993）—60歲

四月・贊助日本職業足球聯賽鹿島鹿角隊

黃帽公司從平成三年（一九九一）開始，成為日本職業足球聯賽鹿島鹿角隊的贊助商，那是在日本職業足球聯賽成立並開賽的前兩年。此後，黃帽就一直持續贊助鹿島鹿角隊。

當時，鹿島鹿角隊還是個籍籍無名的隊伍，能否進入日本職業足球聯賽尚在未定之天，沒有企業願意贊助。一次意外的緣分，我承諾黃帽贊助鹿島鹿角隊。

在此之前，我對足球一竅不通，會答應贊助鹿島鹿角隊是因為這是一支在地的足球隊，我感受到他們非比尋常的熱情，深受這份氣魄感動。同時，我也同情鹿島鹿角隊總是被人瞧不起。

我提供了高出足球俱樂部預期的贊助費，足球俱樂部對於有贊助商本已夠喜出望外，加上超出預期的高額贊助費，顯得驚訝又感激。

我們公司的贊助成了鹿島鹿角隊獲得的第一例合約，也讓隊上的經營基礎日漸穩固。不久，日本足球協會認可鹿島鹿角隊的努力與熱忱，讓他們進入原本無望進入的職業聯賽。

贊助鹿島鹿角隊後，驚喜連連，先是該隊得以進入日本職業足球聯賽，再來是確定延攬巴西足球超級巨星奇哥（Zico）入團擔任選手兼教練。連做夢都想不到的事，居然在現實中發生了。

奇哥進入鹿島鹿角隊的新聞，不僅在日本，在國際上也引起廣大的關注與話題。一九九一年五月，全隊為奇哥舉行了盛大新聞發布會，到場媒體從業人員約一百五十人，甚至還產生一個新名詞叫做「奇哥效應」，短時間就讓鹿島鹿角隊的名號在日本聲名大噪。

媒體和粉絲盛讚奇哥為「足球之神」，隨後在一九九三年日本職業足球聯賽開幕第一季，鹿島鹿角隊拿到了首階段聯賽冠軍，大放異彩。

之後，鹿島鹿角隊成為足球場上的常勝軍，二〇〇〇年，鹿島鹿角隊制霸日本職業足球聯賽、日本聯賽盃、天皇盃，達成了日本職業足球聯賽史上首例三冠王。

二〇〇七年，鹿島鹿角隊拿到日本職業足球聯賽史上第一次總計十一次冠軍，這些成果都要歸功於奇哥指導下的徹底「基礎訓練」。

一九九四年，奇哥從日本足壇退役，返回巴西，並在一九九六年於里約熱內盧成立奇哥足球中心，用以培訓巴西國內選手和鹿島鹿角隊年輕選手。那時他在資金上向我求助，我也提供了大量的資金援助，我不僅肯定奇哥身為足球選手的成就，也相當欣賞他的為人。而他也對我說過：「黃帽可以任意使用我的名字或照片，不限用途。」這些都是我與奇哥間令人懷念的回憶。

珍惜他人，意在使人歡欣。

與加入鹿島鹿角隊的球星奇哥（右）的合照

改編電影《我心中的故鄉》，傳遞一份感動

八月・發行第一輪可轉債券。發行總金額一百億日元。
十月・開設新潟營業所
十一月・《我心中的故鄉》（荒木忠夫著）改編成電影

會將《我心中的故鄉》這本書改編成電影是出於一次偶然。我看到NHK《明亮的農村》介紹一位九州天草高中的老師荒木忠夫先生，深受感動，便打電話給NHK，請他們引介荒木老師給我，想將他的書改編成電影。當時正值泡沫經濟達到頂峰，人心紛亂，金錢至上，是個極度缺乏感動的時代，就算效果有限，我也想儘量將這份感動分享給更多的人，因此進行電影改編。

電影的內容是，叛逆的中學生少年荒木從母親那裡收到一張賀年卡，因而改變性情的感人故事，我在此簡述一下賀年卡的內容。

「對你啊，媽媽很難說出『新年好』這句話。但媽媽多次作夢，都夢到你元旦時，在大家面前笑著對媽媽說新年快樂。小時候你一哭，媽媽就唱著催眠曲安撫你，你就不哭鬧了，但現在不能對你唱搖籃曲了，讓媽媽真的好苦惱。下次希望換你唱搖籃曲來哄媽媽。」

這封賀年卡篇幅極長，不像傳統的賀年卡，文中還夾雜著片假名，顯得有些生硬。正是這封來自母親的賀年卡，震撼了少年荒木的心。

少年荒木一看就知道這是媽媽寫給他的賀年卡，元旦時，他躲在被子裡，邊看卡片邊哭泣。這封賀年卡讓少年荒木意識到自己的任性，轉而開展了一段積極進取的人生，這就是故事的梗概，感人肺腑。

電影裡，感動改變了少年的人生，因為人生若無感動，形同嚼蠟無味。經營公司也一樣，讓周圍的人感動才叫經營，沒有感動的民族會滅亡，沒有感動的組織只會衰退。

所以，我們公司的經營理念、核心精神就是「更多感動，更多幸福」。

有感動才可稱為人生

十一月六—七日・第一屆「大正村掃除學習會」開幕，參加者三十五人。首倡建立「日本美化協會」。

根據第一屆「大正村掃除學習會」兩天一夜的排程，六日是演講會，七日是打掃廁所，場地在岐阜縣惠那郡明智町（現惠那市）的日本大正村，活動由打掃村裡的公廁拉開序幕。

六日的參與者有三十五人，七日達到八十人。主辦方是日本大正村駐地經營有成、致力推動「學習好的生活方式」活動的「二十一世紀俱樂部」，活動由已實際體驗到掃除力量的田中義人先生為首的當地企業家發起。

參與者都很感動，活動在高潮中落幕，引起廣大迴響。第二年第二屆也同樣在大正村舉辦，與第一屆相比，參與人數大幅增加，全國有四百多人從四面八方趕來。

與會者於會後帶著滿滿的感動，各自返回自己居住的城鎮、縣市，紛紛辦起類似的掃除活動，並自發性地在全國各地設立「掃除學習會」。

值得紀念的第一次「掃除學習會」（平成５年11月６日～７日）

以下是在岐阜縣明智町明智車站的廁所發生的故事：

男用小便斗的濾水蓋上結了一層頑固的尿垢，三個人花了兩個半小時才將尿垢清除掉，看著濾水蓋重新恢復潔白，大家都很感動。

然後他們竟把那個濾水蓋翻過來，裝啤酒喝，周圍的參與者看到都很吃驚，但同受感動。這個時候，我再次體會到感動的力量。

這個實例，讓我再度印證「人如果受到感動，就會有勇氣，可以做成任何事」這個道理。

人才教育的天才吉田松陰（明治維新精神領袖，1830—1859）也曾談到感動這個話題。即便是吉田松陰，據說也有三個不受教的徒弟，他最後的結論是：這三個人的共同點就是「沒有感動」。

我認為，如果一個人沒有感動，不管別人怎麼教都沒有效果，因為一個不會感動的人，無論做什麼事情都會畏縮不前，遲疑不定，沒有踏出第一步的勇氣。感動是勇氣的源泉。

有感動才有勇氣

■平成6年（1994）——61歲

七月・經過轉換可轉換債券，資本額達一百零四億一百一十八萬日元。

十一月・《凡事徹底》由致知出版社出版發行

應致知出版社的要求出版此書，出版社將書名定為《凡事徹底》，因為「凡事徹底」是我的座右銘。

十一月・舉辦第三屆「大正村掃除學習會」，四百人參加。

深入阪神大地震災區打掃廁所

■平成7年（1995）—62歲

一月十七日・阪神大地震

早上六點不到，電視新聞還輕描淡寫的播報這次地震，隨著時間發展，卻演變成一次巨大的災難。此次地震達七・三級，是一九四四年東南海地震以來規模最大的一次都市型地震。

據相關資料記載，此次地震造成六千四百三十四人死亡、三人失蹤。另有四萬三千七百九十二人受傷，毀損房屋七千四百八十三棟，全毀、半毀住宅二十四萬九千一百八十棟，給當地帶來毀滅性的損害。政府核算經濟損失高達約十兆日元，損害程度僅次於二〇一一年三月十一日發生的東日本大地震。

災情慘烈，我內心無比沉痛。二月初，我與十幾名自願前往的員工一同趕往災區。到達避難所後，我們先全力清掃廁所，因為不管處於何種境況，肯定需要用到廁所。希望將廁所打掃乾淨，讓災民至少能心情舒暢的使用廁所。

避難所的廁所，使用量極大，髒污程度令人怵目驚心。有的便器內甚至堆滿了糞便，就連長年徒手清掃公司、學校廁所的我都看不下去。

此外，我們還同時進行垃圾分類工作，災區百廢待興，災民們很難完全遵守垃圾分類規定，我們到垃圾場協助進行垃圾分類。

明道者多，行道者少。——中國禪宗開創者達摩祖師（483-540）

過程中，我拜託一位跟我一同前去的員工白土光幸先生幫我做一件事。

「以前有個老客戶的A社長和B專務應該住在這一帶附近，可能也成了受災戶，請你到各避難所去找找看。」

這間老客戶以前與黃帽一直有商業往來，但因資金周轉不靈而倒閉，當時他們還欠黃帽約兩千萬日元，也因此A社長及B專務就和我們漸漸失去聯絡。

我想向A社長和B專務表達慰問之意，因此請白土先生代我跑一趟。不久後白土先生回報說，找到他們這兩位了。

據說A社長和B專務一直過著隱姓埋名的生活，看見白土先生帶去的慰問品感到非常震驚。因太過意外，以致流下感動的淚水，當然也倍感欣慰。

後來，B專務的女兒也因為機緣到黃帽神戶灘店上班。

對有難者施以援手，能減輕自己的痛苦。

二月・發行第二次可轉換債券。發行總額一百億日元。隨著黃帽集團奈良店的開業，店鋪總數達三百家。

六月・開設西日本物流中心及山口營業所（現九州分店・管理「中國地區」業務。中國地區指日本本州島西部，包含鳥取縣、島根縣、岡山縣、廣島縣、山口縣等地）

建立西日本物流中心一直是我的心願，現在終於完成了。

西日本物流中心位處約十萬坪的廣闊的土地上，是為了解決關東物流中心用地有限的問題而興建的。從此，我們公司建立起了不可撼動的物流體制，可以全方位的支援公司最初訂立的「少量多品項」的銷售目標。

我們公司在擴大業務量的同時，仍可滿足客戶的需求，全賴我們提前著手擴充了物流中心。

當時所有人都認為「少量多品項」的銷售方式不可行，但公司卻敢於接受挑戰，努力下工夫進行改善，多虧於此，以前大家一直認為「不可行」的事情現在變得合理可行了。

當然，客戶的資金周轉也得到了劃時代的改善，現在我仍堅信是「少量多品項」的銷售方針讓公司變得更強大。

遇到困難就迴避，無法得到成長。

六月・學習研究社出版《日日掃除》

十二月・東京證券交易所市場第二部上市

平成七年（一九九五）成立的「掃除學習會」已擴展至日本大正村、大阪、千葉、長崎、神奈川五個地方。為了將來的發展、避免日後名稱混亂，故將「掃除學習會」的名稱統一為「日本美化協會・各地掃除學習會」。

從那以後，「掃除學習會」的活動便拓展至全國各地，平成十三年（二〇〇一）九月，日本全國四十七個都道府縣均成立了「掃除學習會」。現登記有案的掃除學習會在日本就有約一百三十處，另外還擴展至國外，如巴西、中國、蒙古、美國、台灣、羅馬尼亞、義大利等地。

各地「掃除學習會」的負責人採推薦制，通過當地協商後決定的，比如「京都掃除學習會」負責人每三年輪換一次。各地學習會的發展也會因負責人積極程度不一，產生巨大的差異。

用筷子攪動水盆裡的水，一開始水可能攪不動，但耐心堅持下去就能帶出水的漩渦。——日本曹洞宗禪僧酒井大岳（1935-2020）

巴西掃除活動引起當地媒體關注

■平成8年（1996）——63歲

一月三十日－二月八日，舉辦第一次「巴西掃除學習會」，地點：聖保羅。共六十人參加（其中十九人來自日本），每年定期舉行。

「巴西掃除學習會」緣起於前一年與僑居巴西的飯島秀昭先生在大阪的一次會面。那時飯島先生正好從巴西短暫回國，參加了「大阪掃除學習會」。會場設在阪神淡路大地震的避難所香櫨園小學（兵庫縣西宮市），我們一起清掃了小學的臨時廁所。初次體驗掃除活動的飯島先生深受感動，大聲說：「希望一定要在聖保羅也舉辦這樣的掃除活動」，並請我去巴西。

面對飯島先生熱情的邀請，我答應「一定找時間在一年內去巴西」，催生了這一次的「巴西掃除學習會」活動。

清掃的徹底度（寬度、廣度、深度）決定一個人的能力與氣度。

——日本思想家、「正食法」創始者櫻澤如一（1893-1966）

當天我們打掃了伊比拉布埃拉公園的廁所，我還在此邂逅另一名發起人上田勤先生，上田先生是聖保羅一家手套製造公司的社長。

上田先生早上出門前，他的夫人對他說：「太丟臉了，不要去打掃廁所吧。」一眾所周知，巴西過去曾是葡萄牙的殖民地，實行過奴隸制度，受此影響，在巴西人心中一直根深蒂固的認為，打掃是最底層的工作。

據說在巴西，雇工也分等級，既不會育兒、也不會做料理的人才會去做打掃的工作。因為這樣的國情，上田先生的夫人才會認為自己的丈夫打掃公廁是件非常荒唐的事吧。開始打掃後，當地的新聞媒體蜂擁而至，Globo TV、日巴（日本和巴西）每日新聞的記者鄭重其事的向我們發問道：「你真的是社長嗎？」、「費用是日本政府出的嗎？」

當我們回答「我們是自費來的」，他們一臉無法置信的表情。據說活動登上當晚的電視新聞，民眾瘋狂打電話進電視台詢問。史上第一次在巴西舉辦的「掃除學習會」活動成了當地街談巷議的一條大新聞。

雖無益處，但有意義。

——中國春秋後期思想家、外交家晏子（西元前 578-500）

參加「巴西掃除學習會」的人們臉上洋溢著滿意的笑容

五月・首次上NHK廣播節目《深夜檔廣播節目——心靈的時代》

播出後，聽眾的反應讓我非常震驚。

之前，我的掃除習慣僅限於我周遭少部分人知情，自從廣播播出後，便成了全國人皆知。詢問度最高的問題是：「希望告知掃除的方式。」因此，我們開始接受公司外部的人前來研修，而且人數越來越多，甚至有一段時間預約蜂擁而至。因為開始接受外人前來研修，我和員工們一躍成為指導者，但當我們站上指導者的立場，卻發現有些不知所措。包含掃除的順序、工具的使用方法、每一個流程，讓我不得不重新梳理以前無意識下進行的清掃活動。

這種希望滿足他人期待的心情，讓我們公司的掃除活動更上一層樓，在編寫掃除指導法的過程中，不斷產生新的創意。社會對掃除活動也出現越來越多正面的評價與效應，此次的掃除研修會為後來的「各地掃除學習會」打下了堅實的基礎。

掃除研修原則上一週一次。日程大致如下：

AM 六：三〇　在黃帽總公司集合
AM 六：三〇—七：〇〇　自我介紹和說明會
AM 七：〇〇—八：〇〇　清掃廁所
AM 八：〇〇—八：三〇　簡單的早餐
AM 八：三〇—九：三〇　我（鍵山）即席講話和回答提問
AM 九：三〇—一〇：〇〇　參觀公司後解散

參加研修者多為公司經營者及其員工，還有很多遠道而來的熱心人士，他們往往提前一天到達。每次報名的人都很多，預約總是額滿，要等上二至三個月才能上到課。我之後又再度接受NHK節目訪問，截止二〇一三年為止，我已上過三次《深夜檔廣播節目》。

十年成就偉大，二十年讓人敬畏，三十年創造歷史。

■平成9年（1997）—64歲

一月・致知出版社出版《覺察的秘訣》

三月・黃帽集團草加店開業，自此店鋪總數達到四百家。

四月・設立千葉營業所

九月一日・東京證券交易所第一部上市

十月・商號變更為（株）黃帽公司

十一月一－四日・舉辦第一次「中國掃除學習會」，地點：上海。共一百四十人參加（包括中國留學生在內，共四十人來自日本），之後每年定期舉辦。

下面是在中國某大學倡導掃除活動時發生的一個小插曲。

演講結束後，一位體格高大壯碩的學生對我提問：「我上大學是為了成就一番大事業。如果拘泥在掃除這樣人人不屑一顧的小事，不就無法成就大事業了嗎？」

我反問這位學生說：「你能在大庭廣眾下，撿起路上的一個煙頭嗎？」「太丟臉了，我不撿」，這位學生回答。

我說：「像撿煙頭這樣乍看不起眼的事情，如果沒有巨大的勇氣是做不來的。我每天早晨打掃自己公司的周邊道路，公車站旁都有很多人在等車，要彎下身撿起他們腳邊的煙頭，是需要克服很大的心理障礙，但若以此鍛鍊自己，必可得到更好的成長。每天從小事做起，比如撿起一個煙頭，就可讓自己得到巨大的勇氣。

每天撿煙頭、空罐等，這並非我的目的，我的目的是想讓日本成為一個沒有垃圾的國家。你認為這是小事情嗎？」

這位學生立即明確的回答：「是一件大事。」

這件事成了我難忘的回憶。第二年，我邀請了有共同心志的四名學生和二名老師來日本旅行十一天。

低調生活，高調奉獻。

在上海舉辦第一次「中國掃除學習會」

■平成10年（1998）——65歲

二月・出版《讓公司光輝閃耀》（與淺野喜起先生合著、皓心社）

三月・二手車銷售店、黃帽 CAPS 長沼店開業

四月・黃帽 CAPS 富里店開業

六月・卸任董事長職務，就任董事顧問一職。資本額一百五十億日元，銷售額約一千二百億日元，員工約一千五百名。

十月・出版《鍵山秀三郎語錄》（致知出版社）

當我卸任董事長職務時，很多人都很疑惑「為何我沒有接任會長這個職務」。原因很簡單，就是我不想實施所謂的「院政」（編按：指日本政權由攝關政治轉移到幕府的過渡時期的政治體制，引申意指「從現職卸任後卻還是握有實權」）。

這就是我的心聲，既然抱持這樣的心態，即使就任會長一職也只是徒有其名，沒有任何意義。

代表日本美化協會獲頒「社會最佳父親獎」

■平成11年（1999）——66歲

三月・大阪營業所遷入新址

五月・仙台分店遷入新址、開設東北物流中心。

六月一日・獲得黃絲帶獎（經濟界・最佳父親獎）

一年一度的最佳父親黃絲帶獎，每年都會選出一些知名人物，授予「最佳父親」的榮譽。

此項評選活動始於一九八二年，截至二〇一三年已有三十二年的歷史，是一個極具榮譽的獎項。主辦方是日本父親節委員會（FDC），隸屬於日本Men's Fashion協會事業部。「最佳父親」黃絲帶獎表彰活動是其重點項目。

選拔活動涉及「政治」、「經濟」、「學術文化」、「表演」、「體育」等眾多領域，每個領域都會選出一名獲獎人員，歷任獲獎者都是大家耳熟能詳的知名人物。

我做夢也沒想到會獲獎，因為我從來都不認為自己是「知名人物」，再者，我也沒有信心孩子會覺得我是「最好的父親」。

在本該撫養孩子的時期，我卻因工作忙得不可開交，在全國各地奔走，一年有超過一半的時間出差在外，偶爾休假也是帶著全家人到公司清洗營業用車。既無暇參加孩子的教學觀摩日及運動會，在精神上、經濟上也沒有多餘的精力考慮孩子教育的問題。全家人沒有一起出遊過，孩子的事情全交給妻子。

因此，當我收到獲獎通知時直覺：「是不是搞錯了」，當然我也很鄭重的表達謝絕的意思。但是，主辦方非常為難的說：「您一人謝絕的話，我們就必須對所有的獲獎者進行重新商討。」

我不能因為我個人因素帶給別人如此大的麻煩，所以我再次確認獲選理由，得知是因「日本美化協會」的活動受到肯定，也就是作為「社會最佳父親」而獲得頒獎，我感到非常開心。為此我改變了想法，欣然接受這項榮譽，因為這個獎項不是對我個人的表彰，而是對支持掃除活動的全國有志之士的

Best Father
INTERVIEW
鍵山秀三郎
トイレが汚れると人の心が荒む。
「したたかな会社」よりも「しなやかな会社」が社会を良くする。

在「最佳父親獎」授獎儀式上

一種獎勵。

表彰儀式在平成十一年（一九九九）六月一日舉行，地點在高輪格蘭王子大飯店（Prince Room），包含媒體報導人員在內約有百餘人受到邀請。

那一年的獲獎者包含來自政界的小淵惠三首相、文化界的索尼會長大賀典雄先生、表演藝術界演員兼電影導演竹中直人先生、明星藥丸裕英先生、體育界專業棒球解說員掛布雅之先生，特別獎頒給了音樂家武川行秀先生，產業界代表則是身為黃帽顧問的我。

十二月十一日・與廣島的飛車族一起打掃廁所

與廣島縣警少年對策總部協力舉辦的清掃廁所活動始終縈繞在我的心頭，讓我難以忘懷。當天聚集了二十二位飛車族，相關人員一〇二人，合計一百二十四人，要打掃位於新天地公園的廁所。

參加打掃的飛車族都是染著一頭金髮或棕髮、打著耳釘，打扮非常新潮的少男少女，他們的模樣讓參加掃除活動的人非常緊張。後來我才知道帶他們前來的警署人員費了很大力氣才說服他們來參加清掃活動。

為了防止意外，警署人員和我們把這群青少年男女圍在中間進行掃除。剛開始還不太情願的孩子們，一旦投入清掃活動，不知不覺便融入環境中，一心一意打掃廁所。

有些女孩非常坦誠的敞開了心扉：「幫我拍一張手伸進便器清洗的照片」、「我的便器擦得更乾淨」。相反的，也有幾個孩子一直到最後都不情願做，草草清除了公園地上幾塊口香糖渣，就離開了。

這次的清掃廁所活動不僅對飛車族的少年產生影響，事後在當地也引起了極大的迴響。一想到因清掃廁所活動，得以讓廣島飛車族解散，我感慨萬千。

清掃活動可大大減少犯罪

第二年，深受他們的勇氣感動，我提議要獎勵十名少年，邀請他們到美國旅行，他們高興得幾乎跳起來。當時我提了一個條件，就是要在洛杉磯打掃廁所。

只有一個孩子因有要事放棄出國，其餘九名少年及包含二位退休警察在內的四名隨行人員，合計十三人前往美國。

在美國他們也全力打掃了作為會場的寺院廁所，據說看到他們赤手赤腳打掃廁所的住持都感到非常訝異。

他們還在洛杉磯表演了神往已久的南中漁民舞，博得當地人的滿堂彩，表演前還得到美國著名編舞師的直接指導。

回國後，他們來向我彙報時，完全像變了個人，神采飛揚、自信滿滿，充滿一股完成任務的自信、幫助他人的喜悅、最重要的是得到他人認可的那種幸福感。我想這應該是他們有生以來第一次品嘗到被愛的感覺吧！

愛的反義詞是漠不關心

——仁愛傳教修女會創辦人、諾貝爾和平獎得主德蕾莎修女（1910-1997）

平成12年（2000）——67歲

八月十九－二十日・舉辦首屆「日本美化協會・全國大會」，地點：京王廣場大飯店。參加者：約一千二百人，之後定期舉辦。

在研討會主會場，包括我在內，有四人擔任小組討論會的發言者。除了我之外，發言者有神渡良平先生（作家）、山田朝夫先生（久住町理事）以及堀江昌子老師（中學校長），另外還有協調人龜井民治先生。雖然是首次舉辦這樣的活動，但大會氣氛非常熱烈。從那以後，全國大會每兩年舉辦一次。

平成13年（2001）——68歲

三月・總部由大田區北千束遷往目黑區青葉台

總部大樓興建之際，曾遭到當地居民的強烈反對，因為這裡以前是空地，若蓋了七層大樓，難免有礙景觀。

我們公司的新辦公樓在目黑川畔，從地點上來說是市內首屈一指的高級住宅區，也是賞櫻名地。這裡數十年來一直是塊空地，當地居民每年都來此賞花。

站在在地居民的立場，我認為大家會反對是理所當然的。

話雖如此，但我們公司大樓的興建工程也無法中止，因為我們已花費重金買下這塊地。為此我們做出最大的讓步，包含縮小大樓規模、減少建蔽率，可惜當地居民仍不滿意。但自我們遷入後不到三個月，情況卻改變了，當初持反對意見的居民開始敞開心扉、歡迎我們的到來。

有一天我從附近公寓的居民口中聽到了這樣的心聲：「公寓的居民都非常開心，因為搬來了一家好公司。」

目黑區青葉台的黃帽公司總部舊址

我不覺得我們做過什麼特別的事情，但當地的居民卻很開心我們搬來這裡，我能想到的就只有我們每天早上的掃除工作。

我們從大樓開始動工興建時，就開始打掃周邊，公司搬遷過來後，員工們也每天徹底打掃公司周邊。看在眼裡的居民才會自然而然的敞開心扉，開始接受黃帽公司，我想應該是這樣的。

大約在我們搬來三年後的某一天，我和往常一樣，清晨來到公司，開始打掃公司周邊地區。此時，兩位結伴同行的婦人從附近公寓走出來，向我打招呼。

「早安，每天都很辛苦吧，您辛苦了。」

我回過頭來，很客氣地回答：「早安，不客氣。」

其中一位婦人對我說：「是公司要求你這麼做的嗎？底層的員工真的很辛苦啊。」對於這始料未及的提問，我竟不知如何應對，當下自作聰明，像說別人的事情一樣回答說：「是的，我們公司的高層比較煩人。」

一陣沉默後，兩位婦人便離開了。雖說是早上，但盛夏這天特別悶熱，又剛好遇上盂蘭盆節，大家都放假了，所以只有我一人在這裡打掃。

當時我穿著短褲加一雙髒球鞋，汗流浹背的專心打掃，這兩位婦人可能看到年邁的我在默默打掃，於心不忍吧。她們一定難以想像是公司的創辦人親自在打掃，所以才出於同情心向我打招呼。

那時，就算我天天打掃，附近也沒有人會跟我打招呼。因此，當這兩位婦人主動向我寒暄問話時，我感到驚訝，當然也十分開心。

我領悟到，再簡單的掃除工作，若堅持落實也會帶來變化。這次經歷讓我再次認識到了掃除不可思議的巨大威力。

掃除可改善與當地居民的關係

作者曾天天清掃公司舊址目黑川沿線的人行道

八月・舉辦首次「便教會」

「便教會」主要成員為在職老師，放眼全國，首度有人嘗試發起由教師組成、為教師服務的「廁所掃除學習會」。發起人代表是時任愛知縣立碧南高中的教師高野修滋先生，當年舉辦了第一次大會。

地點在愛知縣知立市，參加人員來自全國各地的三十一名在職老師和十九位觀察員，共計五十人。開幕儀式結束後，由我先發表演講，隨後由與會的老師們進行自我介紹，並針對各自學校的現狀、問題、煩惱、實踐活動等彼此交換意見。

第二天，會場移至知立小學，見習打掃廁所。「西三河掃除學習會」的與會者與學生們一起揮灑愉快的汗水，順利將廁所打掃完成。

在發起成立學習會之際，高野老師對設立動機做了如下闡述：

「我發現自己總是端著老師的架子，自以為是地說教，什麼也不做。不活動身體、也不動手。這樣的話，學生和老師怎麼可能相互理解呢？我開始意識到教育並不是單純的教孩子們方法論、技術和技巧，還要放低身段親自去實踐，才是關鍵所在。我開始確信、並非常自信地認為自己的教育方針是正確的。老師有所改變的話，孩子們也會發生改變。孩子們有所改變的話，學校也會發生改變。」

從那以後，「便教會」便開始向全國拓展，一年舉辦一次全國大會。現已在琦玉、靜岡、長野、愛知、滋賀、三重、大阪、泉佐野、廣島、福岡等地建立了十二處「便教會」。以「便教會」為領頭羊、以老師為主導的「掃除學習會」也慢慢地向各地學校拓展。

實踐的奧秘在於從現在開始、從上層開始、從自己開始。

九月・設立台灣第一號店黃帽石牌店

截至九月・日本全國四十七個都道府縣設立「掃除學習會」

第一次「便教會」（平成 13 年 8 月 4 日～ 5 日）

「凡事徹底」石碑入魂儀式，感應到兄長的祈願

═平成14年（2002）──69歲

二月十四－二十四日・舉辦第七次「巴西掃除學習會」

這是我第三次參加「巴西掃除學習會」，包括我在內共計有十四位日本人員前往巴西。會場設於聖保羅，參加人員約有二千二百人。我們在巴西期間，當地的電視、報紙連續多日進行報導。

四月・開設駐上海事務所

九月・在鎌田建設（株）公司修築第一塊「凡事徹底」的石碑

石碑長寬約為三米，重約三十噸，是由天然石頭製作而成。此石碑是位於

位於鎌田建設（鹿兒島縣霧島市）總部內的「凡事徹底」石碑（左為鎌田善政社長）

鹿兒島的鎌田建設（株）公司的鎌田善政社長為我刻製的。

石碑上刻著四個金色大字「凡事徹底」，這四個字是我的生活哲學。鎌田社長非常喜歡「凡事徹底」這四個字，也把它視為座右銘。

「凡事徹底」左下方的落款是鍵山秀三郎，名字是我親筆寫的，但「凡事徹底」這幾個字是將我哥哥（鍵山寬治）所寫的字放大的。

石碑製成後，邀請寺院的和尚進行了入魂儀式。生前，我哥哥就一直非常擔心我的事業，正因為哥哥的這四個字，這次的入魂儀式讓我感慨很深。此石碑現在已成為鎌田建設的著名拍照景點，訪問鎌田建設的人必會在此碑前拍照留念後才離開。

平成二十五年（二〇一三）八月，在甲子園進行了全國高中棒球大賽，前橋育英高中雖是首次登場卻一舉拿下冠軍，總教練荒井直樹先生（四十九歲）的座右銘竟然也是「凡事徹底」。據說荒井總教練「為了磨礪心性」，早上散步時還會撿垃圾。我長年倡導的「凡事徹底」在高中棒球賽中也得到了印證，讓我感到非常自豪。

化平凡為非凡

鎌田社長委託都城市光明寺的住持清水快憲和尚舉行石碑的入魂儀式。據說提前來查看石碑情況的清水和尚曾這麼說：「不知為何，站在石碑前，身體會有特別的反應」，這是清水和尚真實的感想。

從頭到尾，清水和尚並不知道關於石碑製成的細節與過程，也就是說前面發生的所有事情，對他來說，都像一張白紙，但他的身體卻出現了非比尋常的感應。感到不可思議的清水和尚向鎌田社長提到：「這現象我覺得很不可思議，向我的師傅京都仁和寺本院寺住持堀智範和尚請教一下如何？」二人達成共識後，迅速寫了一封委託鑒定的信並附上一張照片，郵寄給了堀和尚。對此，堀和尚作了如下回覆：

「所有字當中，最難寫的字是『一』字和『凡』字，特別是『凡』字，字體很難達到平衡，特別容易縱向變長，但照片上的『凡』橫畫向上沉穩厚重。寫這個字的人，應該是位生意人吧？我認為這個字飽含著希望生意能永遠繁榮發展的祈願。」

在堀和尚的回覆中，可以看出他似乎看透了每個字的深意，鎌田社長對此非常的驚訝。當下打了電話給我，我在電話裡對鎌田社長說：

「我哥哥一直都非常擔心我公司的經營狀況，雖然他也是黃帽的一份子，自己卻住在連棟的平房，過著樸實無華的生活，就這樣走完了一生。公司之前出現資金問題，不得不處理父親的遺產，那時也是因為哥哥一句話，其他的兄姐沒有一個人反對。多虧了哥哥，讓我利用父親的遺產度過公司難關。不僅如此，公司每次增資時，哥哥還會拿出他微薄的工資幫我。哥哥離世時，他手上持有價值二十多億日元的股票，因為金額過大，甚至連名古屋的國稅局都介入調查，但哥哥的兒子說：『父親生前常掛在嘴上，這些股票是叔叔寄放在這裡的。』還讓我將全部股票收回。我哥哥就是這樣一心一意為我著想。」

鎌田社長聽完我的話後，完全理解為什麼會在清水和尚身上發生那樣的心靈感應。

仁和寺是一座著名的寺院，已作為「古都京都的文化遺產」列入世界遺產名錄，而且鑒定石碑照片文字的堀和尚也是大家非常熟知的書法高手。另外，昭和六十四年（一九八九）一月七日，昭和天皇駕崩時，清水和尚是最後為天皇診脈的人，知名度頗高。如此了不起的人物，才能僅憑一張照片就能領悟字裡的深意吧？這件事至今都讓我感到不可思議。

十一月・致知出版社出版《邁出實踐的一小步》

這年，我初次邂逅台灣大企業代表、統一超商的徐重仁總經理（二〇一二年六月卸任），我偕同妻子與徐總經理夫婦在台北圓山大飯店一起用餐。初次見面便意氣相投的我們瞬間敞開心扉、相談甚歡，成了肝膽相照的好友。

徐總經理的公司以零售服務業為主，集團公司有四十八家，年銷售總額約七千億日元，從業人員超過萬人，徐總經理可說是一家大公司的老闆。

和台灣一起推廣掃除道的徐重仁先生（右）合影

首辦紐約、台灣及新宿澀谷街頭清掃活動

═ 平成15年（2003）——70歲

五月・致知出版社出版《日日掃除》

五月・舉辦第一次「紐約掃除學習會」，共九十人參加，其中三十人來自日本。

我與紐約結緣，多虧了世界級餐廳大王、已故的知名冒險家洛奇青木先生。在洛奇青木先生引介下，我結識了紐約當地的一些權威人士，因而促成了此次活動的舉行。

第一天是演講會和交流會，我以「邁出實踐的一小步」為題發表了拙劣的演講。第二天，我們借用位於紐澤西州的紐澤西日本人補習學校舉辦了一次清掃廁所的活動。

該校的校長平田忍先生曾讀過我的書，所以很支持掃除工作。之後，平田先生到靜岡縣森町的中學擔任校長，將學校改革成了縣內屈指可數的好學

校，改革的基礎便是徹底的掃除實踐。

第三天打掃的是位於商業區的當地學校 Jackie Robinson Youth Center 。這個學校的學生全是黑人，在我們舉辦清掃活動期間，為了防止外部人員進入，校門是呈關閉警戒狀態的。

開始打掃時，我們得到的忠告是，不要赤手赤腳打掃，原因是怕被遺落的注射針頭扎到，可能會感染愛滋病。這種事情在日本著實難以想像，我感覺像是窺探到了美國的社會真相。

掃除結束後，校長的一席話讓我深受感動。校長是一位黑人女性，身材矮小微胖，她以非常豐富的肢體語言向我們致謝。雖然她講的內容我並未完全理解，但她充滿熱情、真心真意的演講態度，讓我感觸良多。這例子正好說明了，就掃除這件事而言，不同民族、宗教和生活習慣並不會造成任何隔閡。之後我們每年都堅持開展「紐約掃除學習會」活動，至二〇一三年為止已達十一次。

思索「破窗理論」——犯罪心理學在改善紐約市環境上的應用

在紐澤西州的日本人補習學校進行打掃

七月・舉辦第一次「新宿站周邊街頭清掃活動」

七月，我們開始打掃新宿站附近的街頭，這次的推手是轉任東京都治安管理副知事的竹花豐先生。

竹花先生在擔任廣島縣警本部長時，就和我有往來。當時廣島縣警為了整治當地的飛車族，引入了清掃廁所的活動，開啟了我們的緣分。

應竹花先生的要求，我們每個月清理一次新宿街頭，時間是在清晨，不論颳風下雨或嚴寒酷暑，清掃活動從未中斷，截至平成二十五年九月已清掃一百三十次。

另外，從平成二十一年（二〇〇九）四月起，我們也開始清掃澀谷街頭。原則上是每隔一個月對新宿、澀谷的街頭進行清掃，每次參加人數少則百人，多則達二百多人。參與者各行各業都有，其中以企業經營者居多，其次為員工、家人、學校的老師。最近，連在新宿、澀谷商店街工作的人也開始協助我們清掃。

新宿區與商業街提案發起的「新宿年末清潔大作戰」已經展開九年了，每

第一次新宿年末清潔大作戰

次約有一千五百人參加，儼然成為每年的例行活動。

不知是否因為街道變整潔的緣故，我從商店街工會那裡聽說：「不正派的店減少了很多。」此外，我還從新宿警署那裡收到令人高興的報告，自從開始清掃街道以來，犯罪率減少了四成以上。

不僅是新宿，我還聽說廣島犯罪數量也銳減了一半。自從展開清掃活動以來，不僅讓當地變得更乾淨、整潔，犯罪率也急速減少。這不正說明掃除活動蘊含著不可思議的力量嗎？

罪惡滋生於骯髒之所

八月・PHP研究所出版日曆《凡事徹底》

八月・舉辦第一次「台灣掃除學習會」，地點：台北。共計一百五十人參加，其中三十人來自日本。

會在台灣舉辦「掃除學習會」，是因時任大型企業統一超商的徐重仁總經理認同我的掃除活動。

統一超商中樞部門事業部負責拓展7-11便利超商門市據點，截至二〇一三年，台灣光是7-11便利商店就有約五千家。7-11便利商店的店員每天堅持清掃店鋪的周邊，對地形狹長、面積不大的台灣來說，怎麼可能不會變得越來越乾淨呢？

實際上，現在的台灣確實比十年前乾淨許多，我們每次造訪台灣都能切實感受到變化。統一超商美化環境的一系列活動受到當地很高的評價，因此每年都被評選為台灣人氣就業單位。

自從第一次舉辦「台灣掃除學習會」以來，每年不間斷，截至二〇一三年已是第十一次。期間，我的拙作《掃除道》、《鍵山秀三郎「掃除道」漫畫版》以及日曆《凡事徹底》也被翻譯出版。

另外，台灣在二〇〇七年還舉辦了第二次世界大會，約一萬三千人參加。其中有五百二十位參與人員來自日本，讓大會的氣氛異常熱烈。台灣「掃除學習會」能在台灣生根發芽，不斷壯大，完全是因為徐總經理的鼎力相助。我現在每日都在感激與徐重仁總經理的相遇相知。

善友相約助成長，惡友相伴致墮落。

一起用心打掃廁所

從左到右，依序是當時台灣的環保署長沈世宏、作者、統一超商總經理徐重仁、國立政治大學校長吳思華。

■平成16年（2004）——71歲

二月・在廣州市設立中國大陸一號店，黃帽番禺店。

二月・PHP研究所出版《鍵山秀三郎「一日一話」》

我第一本由PHP研究所出版的書，就是《一日一話》。截至二〇一三年，已有十八刷、共計六萬二千冊問世。二〇一三年五月在義大利被翻譯出版，為紀念該書的出版，我們夫婦也去拜訪了義大利。

三月：黃帽集團金澤田上店開業，店鋪總量達五百家。

十二月：與中國當地企業合資成立上海安吉黃帽有限公司（現適用權益法公司）

（編按：適用權益法，意指企業投資持股超過20％或具有實質法律、經濟上之控制權者，需採權益法認列收益）。

平成17年（2005）——72歲

一月・首次在中國開設合資公司直營店，在上海成立黃帽吳中路店，在北京成立黃帽學院路店。

三月・PHP研究所出版《鍵山秀三郎感動語錄》CD版

五月六日・進行甲狀腺癌手術

為我做手術的醫院是位於東京都澀谷區的伊藤醫院，這家醫院雖然規模不大，但非常整潔，尤以治療甲狀腺相關疾病聞名。

一般來說，甲狀腺疾病是女性常患的疾病，這間醫院裡約九成的患者是女性。據說全國各地每日慕名前來治療的患者多達九百人。

住院時除了家人，我只通知極少數人。我擔心知道的人太多會對住院的女性患者帶來困擾，當然我也謝絕一切的探視慰問，只有我的家人來看望我。

幸運的是手術很順利，四天後也就是五月十日，我便出院了。隔天早上，我照常去打掃公司周邊地區。

保持平常心，不要製造例外。

出院後隔天便一如往常開始打掃衛生

八月・PHP研究所出版《掃除道》

九月・舉辦第一次「世界大會」，地點：巴西聖保羅。共計約五千人參加，其中一〇八人來自日本。

十一月・（株）SYSTEM JAPAN發行DVD版《掃除心得和生活規範》

撿起一片垃圾，乾淨一個地方

‖平成18年（2006）——73歲

六月・與沙烏地阿拉伯的大財閥 Abdullatif Alissa Group 簽署了在沙國設立黃帽店的特許代理權協定

六月・PHP研究所出版《撿起一片垃圾，乾淨一個地方》

「撿起一片垃圾，乾淨一個地方」正是我的信念。不管做什麼事情，最關鍵的就是要勇敢邁出第一步，沒有第一步，後面就無從談起，自己認為正確的事就要馬上行動，認為錯誤的事要馬上停止，即要即行即止。不管想法多麼美好，如果不付諸實踐，光榮女神也不會向我們微笑。執行力決定一個人的一生，具體來說就是從撿起腳邊的垃圾開始。

看到垃圾就彎下腰迅速將其撿起，就算只堅持踐行這一件事，也能鍛鍊我們的覺察力，提升面對突發問題的判斷力。

透過撿垃圾的實踐，我發現會亂丟垃圾的人從沒撿過垃圾；相反，會撿垃圾的人絕不會亂丟垃圾，時間越長兩者表現出來的差距就會越明顯。

人生就是由這些小事積累的過程，所以不容小覷，為此要謹記「志當存高遠，路自腳下行」這一重要的思想覺悟。

一個連腳邊垃圾都不撿的人，還能做什麼呢？

撿垃圾的人不會扔垃圾

作者正在撿拾人行道上的垃圾

十月・PHP研究所出版日曆《撿起一片垃圾，乾淨一個地方》

繼《凡事徹底》之後，PHP研究所的櫛原吉男先生又委託我編寫日曆《撿起一片垃圾，乾淨一個地方》，特別的是，這次櫛原先生拜託我親筆書寫。我回覆他：「我試試看。」我原本對寫字就不大有信心，多少感覺有點負擔，但已答應別人的請求，就不能置之不理。為此，那一天我沒吃午飯，花了整整一天的時間一氣呵成寫出來。

頁數上，一個月三十一天，每天八至十張，總計寫約三百張。我惴惴不安的將寫好的稿紙交給櫛原先生。櫛原先生非常坦誠的回覆說：「別謙虛，比以前好多了。」

這到底是在誇我還是在貶我，我無從判斷，只記得最後我倆面面相覷，開懷大笑了起來。

十二月・與阿拉伯聯合大公國的大財閥 Sharaf Group 簽署在該國設立黃帽店的特許代理權協定

■平成19年（2007）——74歲

五月．PHP研究所出版叢書《掃除道》

六月．舉辦第二次「世界大會」，地點：台北。共計約有一萬三千人參加，其中五百二十人來自日本。

八月．PHP研究所出版《鍵山秀三郎「掃除道」漫畫版》

十月．PHP研究所出版《磨礪人性語錄》

十二月．PHP研究所印製錶框「真跡三張套組」

■平成20年（2008）——75歲

二月四日．設立「求根塾」，以PHP研究所東京總部為會場，由二十四人啟動成立。

「求根塾」是由志願者提議設立的，學塾成立之際，他們委託我為其命名，於是我便將其命名為「求根塾」，例會會場設於PHP研究所東京總部會議室。「求根塾」的三個宗旨是：

① 學習鍵山秀三郎的思維方式、生存方式
② 推展活動將鍵山精神流傳後世
③ 會員之間相互交流和切磋研究

我真的感到很難為情，但盛情難卻，只能欣然答應，並順理成章接任了塾長一職。我堅持謝絕大家叫我塾長，「希望大家不要叫我塾長，和大家一樣稱呼」，並未得到應允。

學塾成立時，我明確表示「希望我們的學塾不要為動員而動員」，要自然而然吸引志同道合者加入，而不是主動勸人加入，這是我唯一的希望。對此，負責人達成一致的共識。

在成立儀式上，共有二十四位塾生參與，對我們的宗旨都充分理解，而且都是自發性的參加。我想正因為如此，相互間才不會感到不協調，是一個很好的開端。

以後，每年都堅持召開四次例會，從未間斷。

深入之後，自然而然就會茁壯。

六月・ＰＨＰ研究所出版《凡事徹底》桌曆

九月・卸任黃帽董事顧問一職

作者在「求根塾」的成立典禮上發表演說

黃帽「人走地淨」，深受在地居民歡迎

═ 平成21年（2009）──76歲

二月・PHP研究所出版《人生禮法》、《工作禮法》及《為我生活帶來勇氣的相逢》CD版

五月三十一日・賣掉目黑區青葉台總部，遷至日本橋。

自二〇〇一年遷至目黑區，已過了九年，我們終於適應了這裡的工作生活，附近居民對我們漸漸產生好感，員工們也融入當地的氛圍。因此，搬家時感到些許難過。

搬入新總部後我仍然堅持到舊公司周邊及附近菅刈公園打掃，完全是為了感謝當地人曾經對我們的關照，並落實「人走地淨」的信念。

當初的規劃是，在找到接替清掃工作的人出現前，要繼續打掃。結果，並沒有人願意接棒打掃，所以現在我仍每天繼續在此打掃。

公司搬走後，我重回公司舊址附近打掃時，遇過四、五位住在附近的居民前來向我打招呼，大都是表達感謝，以及對我們公司搬走的惋惜。

寒暄的內容都是一些褒獎之詞：「黃帽讓我學到了很多事情，對黃帽的感激之情無以言表」、「所有對貴公司感謝的話都無法表達心裡的感謝，附近的人都是這樣的心情」、「《撿起一片垃圾，乾淨一個地方》一直放在我的書桌上，我每天都在讀。」

聽鄰居們含淚表達謝意，我感激不已，不禁熱淚盈眶。沒想到當時前來打招呼的一位中年女性，第二天竟一起加入掃除行列，後來又有一位女住戶參與掃除，我想應該是難以抑制的感激之情，讓她們想做點什麼吧！

八年前我們公司初搬到此，遭遇了當地人強烈的反對，但搬走時卻受到了當地人的感謝，單這一點就讓我感慨萬千。

成為讓當地人感謝的公司

八月・PHP研究所出版《用照片學習「掃除道」》

十月・接受白內障手術

總部搬遷後，作者還持續回去打掃舊公司附近公廁。

平成22年（2010）—77歲

三月・PHP研究所出版《沒有徒勞無益的努力》

四月二十二日・「日本美化協會」成為認定NPO法人

在此之前「日本美化協會」一直屬於一般NPO法人，現已升級為「認定NPO法人」（編按：符合特定條件而受管轄行政機關認證的法人，其捐款者與受款法人雙方皆享更好稅制優惠，藉此促進捐款贊助意願）。這種法人結構本來數量就不多，僅占一般NPO法人的〇・四%。我們協會正式成為第一百三十五家認證團體。而且，一般NPO法人自設立起通常得花費五年多的時間才能得到認可，但我們協會僅二年半就獲得了認可。我認為這正好證明「日本美化協會」的存在得到社會的認可。

「日本美化協會」發展成為認定NPO法人之後，今後將推動更豐富多元的活動，我預感將來活動範圍將會更加廣闊。

努力不會欺瞞人

五月・「鍵山塾」開講

「日本美化協會」主辦的「鍵山塾」成立，主要推動具啟發性的研討會，透過講座和掃除實踐，讓大家獲得有關生意及生活層面的啟發。原則上每次限定三十人參加。

第一天是演講及座談會，邀請與我有緣的嘉賓參與。第二天是在新宿、澀谷街頭展開掃除實踐。「鍵山塾」每年定期舉辦兩次，至二〇一三年九月已舉辦八次，與會者來自全國各階層。

十二月・PHP研究所出版《鍵山秀三郎的作風小插曲》

■平成23年（2011）——78歲

三月十一日．發生東日本大地震

地震發生時，我正坐在七樓的辦公桌前工作，隨即意識到這是前所未有的大地震，因為晃動十分劇烈，辦公室內的書架眼看就要傾倒了，剎那間，我感覺身體發僵，預感將要發生巨大的災難。

此次地震達九．〇級，據記載（警察廳發表）截至平成二十五年（二〇一三）五月十日，死亡人數累積至一萬五千八百八十三人、負傷六千一百四十四人、警察登記的下落不明者則有二千六百七十六人。

據說這是戰後在日本境內發生的自然災害中，死亡及失蹤者合計首次破萬人的大災難。

每當在報紙、電視等報導中看到如此慘烈的災況，我都恨不得馬上趕往災區。至少，以前我會這樣做，但對於馬上就要八十歲的我來說，確實有些力不從心。

但我還是想為災民盡些心力，便借助「日本美化協會」的電子郵件雜誌發布救援訊息，呼籲全國會眾參與捐款活動。

結果，截至二〇一一年六月七日為止，一共收到四百五十六筆捐款，總金額達四千一百七十一萬六千四百七十七日元，其中包含「台灣美化協會」的捐款一千萬日元。

在人力支援方面，自四月二十六日到七月三十一日，我們在石卷設立大本營，對災區進行整理、清掃、煮飯等援助活動。我也在五月二十四日前往石卷，當天來回對志願協助者們進行慰問。

我深切體會到沒有什麼比大地震更能感受到人類的無力和弱小，再次強烈意識到「人只有相互幫助才能生存下去」的現實。

過去的日本人會相互幫助、扶持，把這種生存智慧當成理所當然的事。對於這樣的國情，外國人都為之讚賞，但近年來，日本人變得越來越自私，越來越多人只主張個人權利。

此次的大地震，不僅奪走很多人的身家財產，摧毀安身立命的房子，很多人甚至失去寶貴的生命。站在絕望邊緣，不得不反省我們日本人現在的生活方式和人際關係。

一個人無法生存，必須體認與他人相互扶持、相互幫助的重要性。凡此種種都不是我們只主張個人權利就能做到的事。我認為本次大地震教導我們學會克制自己權利的生存之道。

對我來說，二〇一三年是我人生的重要里程碑，有兩件事值得紀念。其一，我二十八歲（一九六一年）時成立公司，至二〇一三年十月正好滿五十週年。其二，至二〇一三年十一月份，「日本美化協會」成立滿二十年，這些歲月正是我人生的寫照。

五十年等於半世紀，正是我全心致力公司經營的時光，並由公司開始推動清掃廁所活動，得到人們關注，自發成立「日本美化協會」。

如果我只專注於事業經營，我想我的人生一定是孤獨的，正因為我在經營公司的同時，成立「日本美化協會」，才讓我的人生變得更充實。

與工作不同，「日本美化協會」的活動完全出於志願性質，因為不計得失，才更能體會助人的喜悅，我很慶幸自己做了這件事。

無法成為物質食糧的一定會成為精神的食糧

——日本小說家藤澤周平（1927-1997）

在宮崎縣石巻市石巻專修大學校園內設立賑災大本營

前往沖繩、義大利及羅馬尼亞推廣掃除道

■平成24年（2012）——79歲

七月・PHP研究所出版《日子再難過，也一定會有一件好事》

十一月・第一次清掃美軍厚木基地周邊

自平成二十一年（二〇〇九）一月起，我們開始每月一次清掃大和站周邊的街道，之後當地美軍基地的軍人也加入清掃活動。他們透過當地廣播「FM大和」知道活動細節，並自動自發的加入我們。

雖然剛開始大家有點隔閡，但隨著次數的增加，這種感覺越來越淡薄。不可思議的是，清掃的過程中，彼此已可以毫無隔閡地會心微笑。出於對這些軍人的感謝，我提議清掃厚木基地周邊地區，大家欣然接受，並於十一月起每月打掃一次，人數多時共計有百人以上參加。

厚木基地的司令官 Steven Wieman 先生也和其他軍人一起參與我們的掃除活

2013 年與沖繩「淨化擋網」活動負責人手登根安則先生（左）在 Camp Schwab 拍照留念

動，而且相當賣力，我被他的人格魅力所吸引，愈發期待每次的活動。

二〇一三年四月，產經新聞刊載了一篇報導，提到沖繩的美軍普天間基地有人提倡和我們一樣的清潔活動。該活動起源於普天間基地的擋網上常被抗議人士隨意亂貼膠帶、綁布條，只為了抗議普天間基地配備 MV-22 魚鷹式傾斜旋翼機，卻因此嚴重破壞街道美觀，因此，當地有心之士開始推動撕下膠帶和絲帶的「淨化擋網」活動，不過活動並未收到很好的成效。

看到報導，我立即與「淨化擋

網」活動代表手登根安則先生取得聯絡，兩人一拍即合，於是我在二〇一三年六月拜訪了沖繩。

當時有來自日本本土的十六名志願者，與我一同來到沖繩，共同打掃普天間和 Camp Schwab（邊野古）周邊。十月，來自本土的六十二名志願者與當地二十四名志願者再度來到沖繩，清掃基地周邊環境。

我們的活動雖僅向前邁出一小步，但我有預感今後一定會蔚為風潮。這樣的交流如果能促進兩國相互的理解、完成民間外交的任務，那我將不勝欣喜。

對於我今後所剩無幾的人生，我決定將推廣掃除活動當成我人生最後的使命，全力以赴。為了下一代，我決定拚上老命。

創造「善黨」，讓日本更美好。

到達沖繩後，我們在手登根安則先生的引導下，直接來到 Camp Schwab（邊野古），著手清理那些不滿美軍基地配置 MV-22 魚鷹式傾斜旋翼機的抗議人士非法繫綁在擋網上的布條。當地也有人一起參與，二十分鐘左右便完成了。

據手登根先生說，這裡每週都會有人繫綁布條，所以他們得不斷去清除。布條上寫的都是謾罵的字眼：「（魚鷹）滾回美國去！」、「滾出去」、「賣了這擋網」等。

每個人都有自己的信仰與主張，那是個人的自由，但非法侵入他人住地，並污損建物，絕非一個日本人該有的行為。就像那些滿口和平、卻一直做有損街道美觀的人，他們沒有資格改變社會。

我希望今後與沖繩的手登根先生攜手，讓基地周邊變得更乾淨、更美麗。

作者參與清掃美軍基地活動，將擋網上繫的布條一一剪除。

平成25年（2013）——80歲

三月・PHP研究所出版《鍵山秀三郎美學小插曲》

五月・義語版《鍵山秀三郎「一日一話」》翻譯出版

應義大利籍經營顧問Manisera先生的要求，出版了義語版的《一日一話》。為了紀念該書的出版，我們夫婦二人與田中義人會長夫婦一同訪問了義大利和羅馬尼亞。

我還參加了當地的研討會，參與者對清掃活動的關心程度完全超乎想像。出發前，在義大利出書這件事本身就讓我感到很意外，但透過與當地的人的交流，我感受到世界各地的價值觀其實沒有太大的差別。

即使在義大利、羅馬尼亞也有很多人聽聞以掃除實踐為基礎的日式思維法。掃除應該是日本人值得引以為傲的文化，我懷著將「掃除道」推廣至全世界的夢想回到了日本。

在義大利發生的小插曲：

在研討會現場，有位看來年過六旬的公司經營者，聽說他一晚上就把我的書讀完了，而且非常感動。所以「想讓員工讀一下」，一次購買了二十冊。

這本書的價格是十八歐元（約二千五百日元），對於經濟不景氣、失業率極高的義大利來說絕不算便宜。不僅如此，這位社長還會照著當天的日期抄寫下那一天的文章，貼在公司門口。據說來上班的員工每天都會讀完文章後才進入公司。

他對於掃除的關注與重視，讓我甚為感動。

在羅馬尼亞發生的小插曲：

我演講時，負責翻譯的是一位三十來歲的當地女性，從她苦笑的表情，可以看出她為了翻譯煞費苦心。

演講結束後，我被安排與大家一起打掃研修，正好和那位女翻譯分在同一組。在清掃研修結束後的感想發表會上，女翻譯說：「清掃結束後，剛剛演講時難以理解的東西，現在不僅理解了，還感覺非常有趣」、「清掃前，我的翻譯只是單純的語言轉換，但親自打掃後，是真正了解其中意義而翻譯」。

她的分享讓我感受到實踐的威力，令我非常開心。

作者（前排右一）與在羅馬尼亞參加清掃活動的人們拍照留念

七月・《日子再難過，也一定會有一件好事》在台灣翻譯出版

除了出差不在的日子，每天早上五點三十分到七點三十分是我固定的掃除時間，掃除地點是離我家車程二十分鐘左右的菅刈公園，以清掃公園周邊道路和公園內的雜草為主。

和我一起打掃的是「日本美化協會」事務所的阿部豐先生。阿部先生十幾年來從未休息過一天，每天堅持打掃，他才是真正的實踐之人。我之所以能堅持打掃，阿部先生的存在給了我很大的鼓勵。

除了實踐掃除活動外，我還經常接受委託到全國各地演講，一年應該有一百場左右，演講地點主要是學校或教育相關機構，我深切感受到學校已開始關注掃除的價值。

我活到這把年紀，已無力再去挑戰大事，但如果有需要，我願意將自己的經歷毫無保留全部傳授出去，貢獻所有，走完人生。

法國作家拉羅希福可曾說：「我們在人生各個年齡階段都是全新的新手」。我今年八十歲，作為八十歲的新手，我已邁出了第一步。為了日本的

將來，也為了後代子孫，我決定奉獻我剩餘的全部人生。

十月・PHP研究所出版《凡事徹底——鍵山秀三郎八十自述》

十月二十九日・PHP研究所舉辦「鍵山秀三郎先生讀者交流會」，地點：帝國飯店。

除非出差不在東京，否則作者每天早上都會堅持打掃 2 小時。
右為「日本美化協會」事務所阿部豐先生

傳承鍵山先生的人生之道

龜井民治 原著編輯

與本書結緣源於我之前寫的一本自傳。

有一天與PHP研究所董事安藤卓先生會談，他問起：「可否以那本自傳的形式，編輯鍵山先生回憶錄？」我因而承擔了這本書的編輯作業。

編輯本書，我受益匪淺。這讓我藉此對鍵山先生的人生經歷做一次系統整理，可作為日後更完整的《鍵山秀三郎傳》的大致藍本，也有助後代史學家的考據研究。

與西鄉隆盛先生（1828-1877，日本明治維新三傑之一）相關的許多著作，也是以他僅數十頁的《南洲翁遺訓》為基礎去編輯出版的。各種西鄉隆盛書籍影響深遠廣闊，就數量而言，僅次於以耶穌為主題的出版品，而與列寧相關出版品不相上下；那些書籍的源頭便是《南洲翁遺訓》。《南洲翁遺訓》並非西鄉先生所寫，而是敬仰他的庄內藩士彙整其語錄而成。

鍵山先生的人生精采非凡、獨一無二，我們有幸與其生活在同一個時代，若無法記錄傳承他的思想觀念和人生之道，那就太枉費了，這是我們義不容辭的責任。我相信本書非常重要，就算內容仍有不足，但至少可當一個開頭，拋磚引玉。如果鍵山粉絲們今後能彌補此書之不足，那我將不勝欣喜。

編輯本書期間，我一再深受感動。鍵山先生曾遭受不可思議的欺騙，陷入重大困境，甚至被戲封為「全日本上當最多次的企業家」，還有些人毫無忌憚地周旋在他身邊，擺明著唬弄他。儘管如此，我不曾聽鍵山先生發過一句怨言。單單這點，除「奇蹟」之外，我就想不出別的形容詞了。

再次感謝ＰＨＰ安藤卓先生給我寶貴的編輯機會。

掃除道 1

凡事徹底

鍵山秀三郎八十自述

國家圖書館出版品預行編目（CIP）資料

凡事徹底：鍵山秀三郎八十自述 / 鍵山秀三郎著；
陳曉麗譯 . -- 初版 . -- 臺北市：正好文化，2021.01
248 面；14.8×21 公分 . --（掃除道；1）
ISBN 978-986-97155-7-7（平裝）

1. 鍵山秀三郎 2. 自傳 3. 企業家 4. 日本
783.18　　109016335

鍵山秀三郎　著
龜井民治　原著編輯
陳曉麗　譯

總編輯　夏瑞紅
文字編輯　言宇召、趙長城
行政編輯　謝依君
美術設計　拾蒔生活製作所

發行人　梁正中
出版者　正好文化事業股份有限公司
地址　台北市民權東路三段一〇六巷21弄10號1樓
電話　（02）2545-6688
網站　www.zenhow.group/book
電子信箱　book@zenhow.group
總經銷　時報文化出版企業股份有限公司
地址　桃園市龜山區萬壽路二段三五一號
電話　（02）2306-6842
製版印刷　中原造像股份有限公司
初版一刷　二〇二一年一月
定價　三六〇元

YATTEOITE YOKATTA
Copyright © 2013 by Hidesaburo KAGIYAMA &Tamiharu KAMEI. / All rights reserved.
First original Japanese edition published by PHP Institute, Inc., Japan.
This traditional Chinese edition published by arrangement with PHP Institute, Inc., Tokyo in care of TAIHO Co., Ltd., Osaka through Yangzhou Zenhow Life Culture Development Co. LTD, Jiangsu.

Published by Zen How Publishing Co. Ltd. / All Rights Reserved. / Printed in Taiwan.
ISBN:978-986-97155-7-7